"Mindcoaching:
*Elmental*MENTE"

Anna Flores
Marc de Jaime
Carlos Pérez de Tudela

www.alentiaeditorial.com
www.facebook.com/AlentiaEditorial
twitter.com/alentiaed

© Anna Flores, Marc de Jaime & Carlos Pérez de Tudela. Enero 2013

© Alentia Editorial S.L., Enero 2013

C/Juan de Garay, 11, 08041 Barcelona

© Ilustraciones interiores: Jordi Flores (www.jordiflores.com)

© Imagenes de cubierta: Julia Freeman-Woodpert (www.sxc.hu)

© Maquetación y Diseño Cubierta: Marc de Jaime Bruguera

© Maquetación interior: Carlos Pérez de Tudela

Depósito Legal: B. 1659-2014

Impreso en España- Printed in Spain

Prólogo

Bienvenido lector, adelante, ponte cómodo por favor. Relájate y déjate llevar por estas líneas. Presta atención y no te arrepentirás. Porque esto es más que un libro; esto es un viaje que te transformará, un camino que emprendemos juntos hacia nuevas formas de conocimiento.

En primer lugar permíteme que me presente: Yo soy tu conductor. Soy quien te acompañará durante todo el trayecto hasta allá donde tú desees. Y es que el ritmo lo pones tú; el tempo a esta melodía lo vas a marcar tú desde ahora. Tú dirás cómo, cuándo y por qué, y yo simplemente esperaré a que decidas avanzar. Aunque antes de continuar quiero que me permitas que te explique algunas cosas, pequeños detalles que creo te ayudarán a entender el porqué de este recorrido que nos disponemos a iniciar.

Lo primero que estimo importante es que sepas cuál es mi procedencia, por qué estoy aquí y qué objetivos me he propuesto. Bien, mi origen es incierto. No sabría decirte cuándo fui creado exactamente. Nacer, nací en el momento en que los tres autores del libro se conocieron. Visto así se podría decir que ellos me dieron la vida; la vida y la voz para que me dirija a ti. Estoy seguro que mi existencia no es fortuita, sé que el porqué de estar aquí, entre las páginas de este libro, es ayudarte a descubrir una nueva manera de generar cambios en las personas.

Y es que así fue cómo los tres autores de este libro se conocieron, desempeñando sus profesiones estrechamente ligadas a generar cambios en las personas. La inquietud por buscar un algo más y el ejercicio de sus profesiones dio lugar a que juntos se diesen cuenta que las herramientas existentes en el coaching no eran suficientes.

Tras el exhaustivo análisis de todo tipo de disciplinas relacionadas con las áreas del desarrollo personal, profesional y terapéutico concluyeron que faltaba algo; que algo no acababa de cristalizar en lo que debería ser el resultado de las mismas: Un cambio permanente y sostenido en el tiempo.

Así pues, aquí estamos. Viajando juntos hacia una nueva manera de hacer; hacia una reinterpretación de lo existente que ha dado lugar a la creación de un nuevo método mediante el cual generar cambios permanentes y estables en las personas.

Por último, si has adquirido este libro buscando ampliar tus horizontes profesionales y extraer nuevo conocimiento para tu desarrollo, te confirmo que has hecho bien. No obstante, más allá de que el libro te aporte nuevas herramientas útiles en el ejercicio de tu profesión, si lo que buscas es profundizar en tu autoconocimiento y extraer aprendizaje para generar cambios en tu vida también has acertado.

Y sin más… pasa página y prepárate para el cambio.

Primer Bloque

¿Cuál es el origen del **MindCoaching?**

Quizás antes de hablar sobre qué es el Mindcoaching deberías saber qué ramas lo sostienen y cuáles han sido las fuentes que han dado lugar a su existencia. Antes de hablar directamente sobre en qué consiste creo que es necesario que conozcas sus orígenes para que al final de este libro todo te encaje.

Antes de proseguir quiero advertirte sobre una cuestión, algo que puede que te ayude a entender con más facilidad las paradas que iremos haciendo durante este viaje que hemos iniciado juntos. Lo que quiero que sepas es que puede que haya momentos durante el camino en que la estructura o la información que te daré te parecerán inconexas o extrañamente relacionados entre sí. Sólo te pido una cosa: Confía en mí. No pienses que el contenido de éste ha sido concebido de manera aleatoria porque no ha sido así. Todo tiene su porqué y conforme avancemos te darás cuenta que todo va encajando.

Y es que todo está relacionado; el coaching, la PNL, el análisis transaccional, la psicología, la neurociencia, la psiquiatría, la teoría de las inteligencias múltiples, el mundo de las emociones, la comunicación… ¡Todo! Todas las áreas que acabo de mencionar tiene un denominador común: El ser.

Y por ello mismo el Mindcoaching se sostiene sobre ellas, porque basa su método directamente sobre él. Pero aún no ha llegado el momento de explicar cómo. Primero permite que hable sobre cuáles son las tres grandes ramas que son eje central de esta nueva disciplina concebida para conducir personas en sus procesos de cambio: El Coaching, la PNL y la Neurociencia.

¿Qué es el **Coaching**?

El concepto proviene del verbo inglés coach ("entrenar"). Su esencia implica suponer que el cliente ya dispone del conocimiento para solucionar todos aquellos asuntos con los que debe lidiar. Lo que debe hacer el coach, por lo tanto, no es enseñar algo nuevo, sino mostrar al cliente el camino para aprender de aquello que alberga en su interior.

El primer paso de un proceso de coaching consiste en que el *cliente* observe y analice su conducta y pensamientos para después lograr que tome conciencia sobre los efectos de sus decisiones. Saber qué se busca (o sea, cuál es la meta a alcanzar), determinar cómo dirigirse hacia ese objetivo y evaluar, cada tanto, el camino elegido para ratificar o modificar las actuaciones, son otros pasos necesarios.

En los últimos años ha experimentado un gran auge y desarrollo la puesta en marcha del coaching. De ahí, que actualmente existan muy diversos tipos del mismo. Entre ellos se encuentra, por ejemplo, el llamado coaching *coactivo* que es aquel que se centra de manera fundamental en la relación que se establece entre el entrenador y el propio cliente.

Otro de los tipos de coaching es el *estructural* que se distingue por ser aquel que se basa en la utilización de diversas culturas milenarias como puede ser la egipcia y de diversas tendencias filosóficas como la constructivista. Y todo ello se conjuga con los avances más actuales en ramas de nuestra sociedad como la ciencia.

En tercer lugar otro de los tipos de coaching más significativos es el conocido como "de vida", que, a su vez, es uno de los más solicitados por la población que se somete a este tipo de proceso. En concreto, bajo dicha denominación se incluyen una serie de actuaciones con las que se persigue básicamente que el cliente-entrenado consiga un amplio conjunto de habilidades que le permitan mejorar en su vida.

En concreto, con dichas habilidades lo que logrará será dar un paso positivo y firme en ámbitos tan personales como su estado físico o sus relaciones sentimentales.

Pese al auge del coaching a nivel empresarial, no son pocos quienes critican este método de autoaprendizaje ya que consideran que carece de una metodología concreta. Es difícil estimar qué conocimientos tiene el coach y qué grado de conocimiento se alcanzará ya que no existen certificaciones ni regulaciones aceptadas a nivel internacional que se pongan de acuerdo. En lo que sí ha habido consenso es en cuáles son sus fundamentos:

1. El coaching se enfoca hacia los objetivos y las metas. Para ello se apoya en otras disciplinas que le ayudan a conseguirlos de manera focalizada, rápida y satisfactoria.

2. Durante el proceso es el cliente y no el coach el experto en sí mismo y auto-responsable del proceso de cambio y de su crecimiento personal.

3. En el coaching, coach y cliente son responsables al 50% del proceso. Aunque el cliente es 100% responsable de conseguir sus objetivos.

4. Se trabaja en función de los recursos y estrategias internas y la superación y re-configuración de las creencias limitantes.

5. El proceso se desarrolla en base a las fortalezas del cliente y se parte de la base de que todos somos hábiles, creativos y que contamos con las herramientas o somos capaces de encontrarlas.

6. El coach da feedback y es un agente que ayuda a encontrar nuevas perspectivas permitiendo abrir los mapas mentales del cliente y a la vez promueve la acción.

7. El proceso se basa en buscar soluciones y cada proceso es particular. Durante el proceso el cliente es la medida y a la vez la referencia.

8. El coach no aconseja ni soluciona directamente, tan sólo acompaña, guía y facilita durante la duración del proceso.

9. El coaching está orientado hacia la acción; cuando se logran las metas y se obtienen los resultados satisfactorios se generan cambios y crecimientos internos que se traducen en

nuevas habilidades y nuevos recursos disponibles para nuevos desafíos de crecimiento.

Así pues, podemos concluir que el coaching es: "El arte de conducir a las personas hacia los objetivos que se marcan".

Y llegados a este punto me imagino que estarás pensando: ¿En qué se diferencia un Coach a otro tipo de profesionales? Como creo que una imagen vale más que mil palabras, permíteme que te responda mostrándote un esquema que seguro aclarará tus dudas.

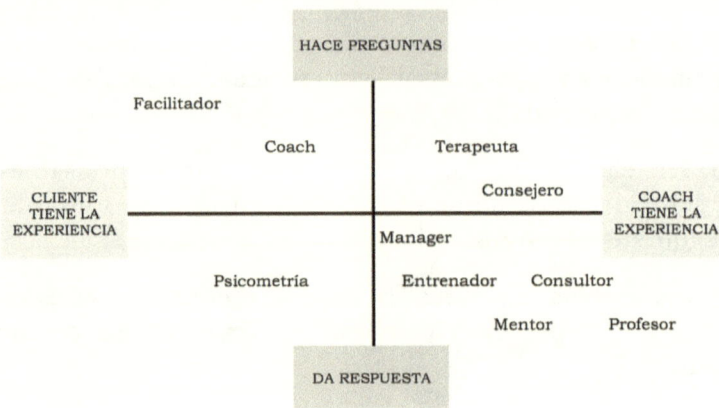

¿Qué es la **PNL**?

La segunda gran rama en la que se basa el Mindcoaching es la la Programación Neuro Lingüística que es conocida habitualmente por sus siglas, PNL, que simplifican y acortan su nombre de forma muy práctica. Y ¿qué es, entonces? Hay muchísimas definiciones según la escuela o el autor que hable de ella, pero nos parece obligado mencionar cómo sus creadores, Richard Bandler y John Grinder se refirieron a ella: La programación Neuro Lingüística estudia la estructura de la experiencia subjetiva.

Dado que la experiencia subjetiva alude al conjunto de experiencias individuales, de cada sujeto, debemos aclarar que la PNL no estudia dicha experiencia, lo que estudia es la estructura que sostiene la conducta. Por eso ésta es una metodología centrada en el comportamiento humano, especialmente en comprender nuestros procesos internos, en cómo percibimos la realidad desde nuestros sentidos, en cómo la almacenamos en nuestra mente y en cómo posteriormente accedemos a ella.

La PNL trata básicamente de comunicación, de cómo nos comunicamos con nosotros mismos o con los demás, teniendo en cuenta que cuando en PNL hablamos de lenguaje nos referimos al lenguaje verbal y al no verbal, por eso a nosotros nos gusta definirla como un modelo de cambio a través del lenguaje.

Nos enseña a programar (programación) nuestra comunicación usando el lenguaje (lingüística), que es la manera de codificar la experiencia percibida por el sistema neurológico (neuro), para tener resultados exitosos en cualquiera de los ámbitos de nuestra vida.

Es un método que ofrece técnicas concretas y prácticas herramientas para el desarrollo personal y profesional: superación de limitaciones, generación de estados internos positivos, aumento de la autoconfianza, desbloqueo de frenos emocionales, cambio de hábitos, comunicación influyente, cura de fobias, mejora de las relaciones, ampliación de la conciencia, eliminación de creencias limitantes…Por eso su campo de aplicación es tan amplio como el de las relaciones interpersonales.

Sus creadores han insistido en que la PNL no es sólo un método, es una actitud. Una actitud de curiosidad para aprender a desaprender lo que ya no es útil o beneficioso, para aventurarse en el camino de hallar nuevas opciones de comportamiento, para investigar el "cómo" y olvidar los "porqué", donde la flexibilidad es la pieza clave para adaptase al entorno y donde cambiar es crecer y desarrollarse.

¿Qué es la **Neurociencia**?

La tercera rama es la Neurociencia. La expresión Neurociencia es relativamente nueva y se usa para referirse a un conjunto de disciplinas que investigan el Sistema Nervioso Central desde el funcionamiento neuronal hasta el comportamiento.

Gracias a la Neurociencia tenemos en la actualidad un conocimiento mucho más extenso del cerebro humano, de su funcionamiento, su fisiología, sus patologías y lesiones, permitiendo grandes avances en el tratamiento de muchas enfermedades relacionadas con el Sistema Nervioso Central como el Alzheimer o la esclerosis múltiple.

Debido a la complejidad del órgano cerebral, este amplio campo científico se divide en ciencias específicas dedicadas a las distintas funciones y particularidades del cerebro, que no aluden únicamente a cuestiones anatómicas, si no que están relacionadas también con las habilidades como el aprendizaje o el lenguaje (neuroanatomía, neuroquímica, neuroendocrinología, neuropatología, neurología, neurofarmacología, neurofisiología, neuropsicología, neurociencia cognitiva, neurolingüística...)

De las que se ocupan del lenguaje, las hay que se ocupan de los procesos de pensamiento y de la percepción compleja, así como del engranaje del cerebro para conseguir la comprensión y producción del lenguaje verbal o escrito.

Todas estas ciencias han contribuido en muchas áreas del conocimiento facilitando información sobre nuestras sensaciones, pensamientos y emociones e, incluso, nuestra conducta social y algunos de sus descubrimientos son muy popularmente conocidos como la neurogénesis o la plasticidad cerebral.

Quizá te preguntes ¿cuál es el gran aporte de la Neurociencia al desarrollo personal? Como disciplina integral investiga para comprender la relación entre mente, conducta y actividad del sistema nervioso, estudiando desde distintos ámbitos (molecular, neuronal, conductual y cognitivo) la vinculación de la actividad del cerebro con el comportamiento. Explica cómo millones de células nerviosas actúan para generar la conducta y cómo se ven afectada por el entorno.

Comprender la fisiología cerebral es indispensable para comprender los procesos de aprendizaje. Aprender es el proceso por el que se obtiene la información y se retiene para que esté disponible cuando sea necesario y todo aprendizaje es el resultado de una sucesión de procesos químicos y eléctricos proporcionados por las redes neuronales del cerebro y no debemos olvidar que las conductas y comportamientos también se aprenden.

¿Qué es el **Mindcoaching?**

Así pues, teniendo en cuenta todo lo anterior, imagino que empezarás a entender que todas las áreas del crecimiento personal basan su desarrollo en otras. Por tanto es lógico que pensemos en ellas cómo en miembros de una familia, parientes unas de otras.

Haciendo uso de ese mismo símil podremos llegar a entender cómo tres ramas tan distintas acabaron confluyendo en una única teoría que dio pie a un nuevo método.

Y es que si pensamos en el Coaching cómo en los miembros de una familia situada en una población y en la PNL en miembros de otra situada en un lugar distinto, ambas separadas por un rio caudaloso, la neurociencia sería el puente que las comunicaría. Porque de algo no cabe duda: Las tres

13

tienen razón de ser porque existe la persona, sino ninguna existiría. Así pues, se podría decir que el Mindcoaching es la disciplina que aúna y regula la relación entre las mismas.

Como hemos visto hasta el momento, todas están relacionadas pero a la vez son profundamente distintas. E ahí que los autores de este libro buscasen el modo de combinar lo mejor de cada una para obtener un método de trabajo capaz de generar cambios de manera permanente y constante en las personas que inician procesos de este tipo.

Y eso es precisamente el Mindcoaching©: Un método que con bases del coaching, la PNL y la neurociencia se basa en el entrenamiento de las capacidades mentales innatas y que enseña a gestionar procesos de cambio. Busca el cambio a través de la transformación mediante un entrenamiento pautado que forma parte de un plan estratégico personal.

Éste nació porque tras años de ejercicio de sus profesiones los autores se dieron cuenta que algunos de sus clientes pasado un tiempo regresaban para trabajar nuevos objetivos. Este método tomó forma tras descubrir que los cambios que generaban sus clientes era dirigidos única y exclusivamente a conseguir un objetivo; uno concreto y asumible, no a integrar herramientas con las que en el futuro poder auto gestionar cualquier situación que se les presentase.

E ahí que buscasen alternativas que incorporar a sus procesos en el mundo de la PNL y en el floreciente e innovador campo de la neurociencia. Investigaron las tres áreas y de ellas extrajeron herramientas que transformaron, ideas que modelaron y una filosofía totalmente distinta a la que se había planteado hasta el momento en el mundo del crecimiento personal. Juntos desarrollaron un nuevo método que es el que yo os explicaré a continuación.

¿Para qué se inicia un proceso de
Mindcoaching?

La respuesta es muy sencilla: Para generar cambios.

Los clientes siempre, antiguamente en el Coaching y la PNL y en la actualidad en el Mindcoaching©, han recurrido a estas áreas del conocimiento en busca de herramientas útiles con las que generar cambios en sus vidas.

No obstante, hasta la fecha el conductor de sus procesos no ha sido más que un mero acompañante, pero ahora no. El Mindcoaching se distingue de las otras en que además de acompañar al cliente durante todo su proceso de cambio será el encargado de supervisar, facilitar y motivar el entrenamiento del éste.

Anteriormente, sobre todo en el Coaching, el Coach basaba su acción en dejar que el cliente descubriese por sí solo cómo superar las barreras que le separaban de sus objetivos. En el Mindcoaching la dinámica y la estructura del proceso es similar, sólo que aquí el Mindcoach le proporciona herramientas al clientes y le enseña a utilizarlas.

Esta nueva disciplina perteneciente al área del crecimiento personal no sólo se utiliza a modo particular sino que también, al igual que el coaching, se utiliza en grandes organizaciones empresariales por el alto impacto que supone su uso.

¿Cómo puedo aprender a utilizar **el método**?

Si llegados a este punto aún continúas interesado en que prosigamos este viaje tú y yo juntos, te propongo una especie de "juego". Y es que la mejor manera para aprender algo es jugando, eso está claro. El juego que te propongo es sencillo, sólo requiere imaginación y constancia; constancia y ganas de aprender a utilizar este método.

La cosa consiste en que te imagines a ti mismo cómo un

Mindcoach; con la poca información de la que dispones imagínate cómo si fueses un Mindcoach y estuvieses a punto de iniciar una sesión con tu cliente. Pregúntate lo siguiente y verás que sencillo te resulta: ¿Dónde estás? ¿Qué ves? ¿Cómo te sientes? ¿Quién hay frente a ti? ¿Qué llevas puesto?... imagina hasta el más mínimo detalle. Bien. Ahora memoriza la escena y como si tu mente fuese una cámara haz una fotografía. Perfecto. Guárdala allá donde tú crees y mantenla accesible. Tenla a mano porque cada vez que apele a ti como Mindcoaching o te hable sobre tu cliente sabrás que tu mente inconsciente está haciendo pequeños ajustes para que la información quede grabada en tu cerebro.

Segundo Bloque

El contrato

Así pues, el Mindcoaching es una profesión como cualquier otra y por ello, en su marco de referencia, los objetivos y los medios en relación con el ejercicio de su práctica deben ser claramente establecidos antes de empezar una relación de acompañamiento con un cliente. Como en las demás profesiones, se crea un primer acuerdo explícito y contractual llamado: Contrato.

Este primer nivel de contrato laboral "de prestación" se utiliza tanto para posicionar el Mindcoach en la especificidad del proceso, como para definir los límites de la profesión con el fin de proteger a todos los que ejercen la misma.

En esta profesión como en general, la utilidad del contrato "de prestación" es múltiple. Te presentaré a continuación algunos aspectos relacionados con el mismo:

1- Un contrato permite inscribir una relación en un entorno laboral, por ejemplo entre un prestador de servicios y un cliente. Más allá de esta primera evidencia, un buen contrato permite establecer unas claras reglas en relación con los objetivos de la prestación, la medida de resultados, los medios que serán aplicados por cada una de las partes, el marco jurídico o deontológico de la relación, etc.

2- En consecuencia, la dimensión relativamente formal de un contrato permite una cierta protección entre el prestador de servicios y su cliente. Un contrato regula la relación. Se plantea un contexto profesional específico. No solo define los objetivos sino que da a cada uno los límites que no deben sobrepasar. En el Mindcoaching©, como en general, el contrato es un elemento de protección que permite evitar las desviaciones o confusiones por parte del Mindcoach o del cliente.

3- También un contrato proporciona numerosas indicaciones referentes a la relación entre las distintas. Si cada socio da al proceso de negociación y a la finalización del contrato toda la atención adecuada, el socio podrá percibir numerosos indicadores del marco de referencia del otro socio. Así, cada uno conoce sus derechos y deberes.

Por supuesto, esto no es nuevo. En cualquier tipo de relación profesional y a veces personal, el mismo trabajo contractual de aclaración precedente permite sentar las bases de un intercambio oficial, de una asociación, de una relación. En casi todas las especialidades, el concepto de contrato permite aclarar el marco de una relación y precisar los objetivos o el proyecto. También permite que cada una de las partes interesadas en un proyecto de colaboración asuma plenamente sus responsabilidades.

Más allá de este primer nivel de contrato que establece el marco de una relación comercial con un cliente, el enfoque contractual se presenta de varias maneras a lo largo de la práctica diaria del Mindcoach. El proceso contractual está tan presente en la práctica diaria de su profesión que forma parte de la gama de herramientas que utiliza diariamente. Por consiguiente, dicho concepto es fundamental para todos aquellos que ejercen el Mindcoaching o para cualquier curso de formación inicial y continúa que estos profesionales puedan impartir.

En resumen, el contrato es el principio de la relación con el cliente. Todo contacto previo antes de establecer las bases relacionales mediante un contrato será considerado un encuentro de consulta profesional de tipo comercial. A continuación te detallaré las características más destacables que ofrece el contrato:

Preámbulo: El contrato en sí es un preámbulo de la relación del cliente y el Mindcoach y es garantía de que éste se rige por un código deontológico.

La protección del cliente: El bienestar del cliente constituye el foco central y por consiguiente obliga al Mindcoach a mantener un nivel alto de integridad y confianza durante todo el proceso.

La confidencialidad: El Mindcoach hará todo lo posible por honrar la confianza del cliente aunque no pueda ofrecer garantías de ello a priori. El Mindcoach informará al cliente acerca de las circunstancias que podrían influenciar la objetividad o el enjuiciamiento. En caso de que para el Mindcoach resulte incómodo mantener la confidencialidad del cliente, éste podrá consultar a un mentor. En los casos extremos en que la información sea de naturaleza: "indigna", "ilegal" o "peligrosa para el cliente u otros" el Mindcoach está obligado a consultar con un mentor Mindcoach y/o un abogado, con el fin de determinar si notificarlo a las autoridades competentes con o sin el consentimiento del cliente. Por otro lado, se informará convenientemente al cliente y éste manifestará su conformidad en que cualquier material aportado por el Mindcoach no podrá ser vendido, publicado o utilizado al margen de la relación establecida sin el consentimiento explícito de éste.

Conflicto de intereses: Cualquier conflicto de intereses se discutirá y resolverá teniendo presente el propio interés del cliente. Cuando se detecta un conflicto, el Mindcoach está éticamente obligado a comentarlo y tratar de resolverlo.

Referencias y terminación: Cuando condiciones internas o externas hacen ver que un caso es inabordable mediante un proceso de Mindcoaching©, el Mindcoach tiene el compromiso ético de revelar su opinión y observaciones al cliente. El Mindcoach sugerirá una solución viable para el problema, haciendo todos los esfuerzos posibles que eviten alterar la dignidad del cliente.

Alteraciones de tipo ético: Si un Mindcoach de modo consciente, con conocimiento contraviene el código, el Mindcoach será instado a trabajar con un mentor Mindcoach y/o ser expulsado de la asociación a la que pertenezca. El Mindcoach que sea recriminado por la asociación a la que está afiliado, debería entrenarse con un mentor Mindcoach durante un período de meses hasta que tras supervisión expresa recupere su estatus inicial dentro de la asociación.

Las sesiones

Pese a no existir un número fijo de sesiones, lo usual es que el cliente y el Mindcoach se vean unas siete u ocho veces de manera continuada. Y que después, en función a la evolución del proceso, el tiempo entre una sesión y otra sea mucho más espaciado hasta llegar a diez u once sesiones.

Las sesiones suelen ser de una hora, en ningún caso superiores a las dos horas, y al principio todas son presenciales. Y este detalle es importante porque en la actualidad se está popularizando el hecho de realizar sesiones a través de webcam, vía telefónica e incluso email. Pese a que es factible, al iniciar un proceso no es aconsejable porque si no estamos junto a nuestro cliente perderemos muchos matices que nos dirá su cuerpo y su manera de hablarnos. Iniciar un proceso a distancia es comprometer el resultado final del mismo.

Así pues, respecto a la duración del proceso en sí poco se puede decir porque depende de la evolución de cada caso. Lo que sí se puede avanzar es que con el paso de las sesiones podrás observar notables cambios físicos y psíquicos en el cliente que te servirán de indicador de éxito o intento erróneo en los pasos realizados por éste.

Pese a haber sentado las bases en el contrato de cada cuánto quedaréis, cómo os veréis, en qué lugar y de qué manera, cuando el tiempo avance y el proceso evolucione, podréis ir llegando a pequeños acuerdos que modifiquen lo estipulado en el contrato. El hecho de firmar un contrato no es más que formalizar la relación entre el cliente y tú, poner por escrito una serie de normas que os ayudarán a entenderos mejor y a que su proceso sea mucho más provechoso.

Errores habituales durante las sesiones de Mindcoaching

Antes de adentrarnos en materia te propongo que repasemos algunos de los errores más usuales que se suelen cometer cuando uno está llevando a cabo sus primeras sesiones. Tranquilo, no te apures porque todos nos equivocamos, durante cualquier tipo de proceso de aprendizaje se cometen errores porque, obviamente, se está aprendiendo.

Por ello a continuación citaré algunos de los típicos errores que se dan dentro de las sesiones de coaching, es decir, los principales errores que cometen los Mindcoach al principio de su camino hacia la experiencia:

1- El Mindcoach no entiende la diferencia entre el Mindcoaching©, la psicología, la consultoría, la formación o el mentoring: esto le lleva a realizar sesiones con clientes que realmente no necesitan de un proceso de Mindcoaching sino cualquiera otro servicio.

2- No dejar claro a las partes involucrados en un proceso a qué se compromete el Mindcoach y a que se compromete el cliente: tanto cuando el proceso es encargado por una organización u empresa como cuando el que lo contrata es una persona a modo particular, el Mindcoaching debe dejar claro a qué se compromete y a qué se debe comprometer el cliente.

3- Asumir el compromiso del cliente con el objetivo final del proceso sin antes comprobarlo: el Mindcoaching nunca puede dar por supuesto el compromiso del cliente sin haberlo comprobado antes, es decir, tiene que comprobar que el cliente está comprometido y motivado.

4- Trabajar un tema con el cliente por el que ha pasado previamente o está pasando y no poder separar su opinión personal de la profesional: en caso que el Mindcoach no sea capaz de separar ambos casos (el del cliente y el suyo) no deberá trabajar con el cliente pues padecerá lo que se denomina «Escucha Previa».

5- No comprobar que el cliente realmente quiere someterse voluntariamente al proceso de Mindcoaching©: el Mindcoach debe asegurarse cuando el cliente es enviado por la empresa a un proceso de coaching de que éste acepta someterse al proceso y a la metodología.

6- Aceptar a un cliente en que el que no cree: el Mindcoach debe creer en su cliente, debe creer que su cliente tiene todos los recursos necesarios para lograr el objetivo que pretende sino será imposible que le acompañe de manera correcta.

7- El uso de preguntas basadas en el "¿Por qué...? y no en el "¿Para qué...?": el Mindcoach no debe usar preguntas basadas en el "¿Por qué...?" (por ejemplo, "¿Por qué haces...?" "¿Por qué piensas...?") Sino que debe usar preguntas basadas en el "¿Para qué...?" (Por ejemplo, ¿Para qué haces...? "¿Para qué te sirve pensar...?").

8- Ocultar un consejo en forma de pregunta: el Mindcoach nunca debe dar consejos u opiniones al cliente pero, a veces y de manera inconsciente, lo hace a través de la conversión.

9- Descuidar la comunicación no verbal: el Mindcoach debe tener presente que su tono de voz, su entonación, su vocabulario, su postura corporal, su expresión facial... tienen un gran impacto en el cliente y si no son las adecuadas pueden llevar a una nefasta sesión.

10- Definición incorrecta del objetivo general: el Mindcoach debe hacer que el cliente defina claramente el objetivo general del proceso. Una mala definición hará que el proceso no sirva para nada pues en función de la correcta definición del objetivo girará el resto del proceso, de ahí, su enorme importancia.

11- Permitir que el objetivo se formule en negativo: todo objetivo en coaching debe estar formulado en positivo.

12- Calibrar incorrectamente el tiempo entre una sesión y otra: no debe pasar mucho tiempo entre una sesión y otra pero tampoco debe haber un breve intervalo de tiempo.

13- Asumir el rol de amigo o de confesor: el Mindcoach no es un "hombro donde llorar" ni tampoco, en los casos en los que el cliente critique a algo o a alguien, va a criticar con él como podría hacerlo un amigo.

14- Asumir el papel protagonista en la sesión: el protagonista en toda sesión es el cliente, es decir, la persona que debe llevar el peso de la conversación es él, no el Mindcoach. Éste debe permanecer en un segundo plano y, en momentos puntuales, aclarar las cosas que considere necesarias y/o realizar las preguntas que considere oportunas.

15- Asumir la "agenda a tratar": El cliente decidirá qué asuntos o temas quiere tratar en cada momento (siempre en relación con el objetivo a lograr).

16- Incapacidad para controlar el Egoless: el Egoless se da cuando el Mindcoach, durante la sesión, mantiene una conversación paralela consigo mismo lo cual provoca que no mantenga una escucha empática y atención total con su cliente.

18- Ir directo al plan estratégico personal saltando las fases previas: Para que un proceso de Mindcoaching sea un éxito el Mindcoach debe cumplir todas y cada una de las fases del mismo porque si no fracasará en su intento.

19- Utilizar preguntas "orientativas": El Mindcoach nunca debe dirigir las respuestas del cliente mediante el uso de preguntas manipuladas.

La relación con el cliente

Proseguimos nuestro recorrido y llegamos al momento previo al inicio de una sesión, una de las partes más cruciales del proceso. No obstante, antes de continuar y ahondar en el concepto «Creación de Contexto» permíteme que te ilustre sobre un término el término «Rapport» **directamente extraído de la PNL.**

El rapport

El término rapport no tiene una traducción equivalente exacta en castellano, aunque en el entorno de la Programación Neuro Lingüística se refiere a la sintonía que se crea en una comunicación eficaz entre el Mindcoach y el cliente. Por ello es una técnica imprescindible para crear el contexto en clima de confianza necesario para cualquier proceso de acompañamiento.

El rapport es algo que los humanos hacemos de forma natural, espontánea e inconsciente cuando empatizamos con alguien y nuestro lenguaje, verbal, para verbal y corporal, adopta la expresión de nuestro interlocutor, por eso es conocido como "el arte de igualar". Seguramente te ha pasado que estando en una cafetería o un restaurante te ha sorprendido ver como una pareja o unos amigos en una mesa están tan ensimismados en la conversación que no son conscientes de que están sentados de la misma manera, que el volumen de la voz es el mismo, la posición de sus brazos es idéntica... están en rapport. Eso ocurre cuando hay sintonía, cuando conectan, cuando la comunicación fluye.

Cuando hablamos de la importancia del rapport no es porque se haya inventado una fórmula mágica para el éxito, es porque los creadores de la PNL descubrieron que los terapeutas y comunicadores más exitosos de la época influían muy positivamente en sus clientes y pacientes desde la compenetración y el acompasamiento del lenguaje y detallaron el modelo de trabajo para ponerlo en práctica de forma consciente. Llegados a este punto , el rapport que inconscientemente se genera cuando estamos de acuerdo con alguien, cuando nos llevamos bien con alguien, cuando conectamos, se puede generar de manera consciente para comunicar influyentemente. Cuando un Mindcoach practica el rapport con su cliente no significa compartir su visión del mundo, su filosofía de vida o la misma opinión, estar en rapport significa que hay una comunicación fluida y eficaz. De hecho es recomendable practicar el rapport cuando hay que abordar situaciones desde perspectivas distintas, cuando hay que entregar un mensaje del que sospechamos que no va a ser bien recibido, en esos casos el rapport allana el terreno y acerca posiciones.

Existen tres maneras de hacerle rapport al cliente:

1 - Rapport Verbal

Muy útil para sintonizar el contenido. Escuchando de manera activa hay que fijarse en las expresiones y las palabras que usa más frecuentemente para utilizarlas durante la sesión. Hay que prestar mucha atención al sistema representacional (vak) para hablar el mismo lenguaje sensorial que él. Si un cliente nos habla muy visualmente, dejando claro que hace imágenes en su mente cuando nos cuenta lo que le pasa, será de mucha utilidad usar predicados visuales para se sienta no sólo escuchado, sino comprendido. Nos gusta compararlo con las ondas: si alguien emite ondas visuales está muy entrenado también a captarlas, por lo que la comunicación es más eficaz que si recibe ondas auditivas.

2 - Rapport paraverbal

Es el rapport que se hace con la voz: la musicalidad, el ritmo, el timbre, el volumen, la entonación...

Una investigación muy conocida en la Universidad de California en Los Ángeles llevada a cabo por el profesor Albert Mehrabian observó cómo se daba y recibía la comunicación en vivo y las cifras desvelaron la gran importancia de la calidad de la voz.

Cómo puedes observar en la figura "impacto de la comunicación" según Mehrabian la información transmitida a través de la voz es el 38%.

3 - Rapport corporal

Es el que se realiza con el cuerpo, ya sea con su totalidad o con una parte de él, con los gestos, expresiones faciales, movimientos de las piernas, postura general…

El rapport debe hacerse siempre de una manera elegante y sutil, si no, corremos el riesgo de que nuestro cliente lo perciba conscientemente y se sienta "imitado", por eso nuestra recomendación para generarlo es tener un interés genuino por el cliente, sentir un respeto absoluto por su mapa mental e igualar su respiración. Eso facilita conectar profundamente con su mundo para ayudarle a cambiarlo.

Es importante remarcar que el objetivo del rapport es crear empatía y tan importarte es generarlo como romperlo.

¿Cuándo es aconsejable **romper el rapport?** Cuando nuestro cliente viene con estados anímicos negativos, ya sea alterado, con excesivo nerviosismo, irritado… ya sea, por el contrario, ensimismado, deprimido, abatido… Nuestro trabajo es sacarlo del "pozo" anímico en el que se encuentra, no instalarnos dentro con él.

Crear contexto

Teniendo en cuenta todo lo anterior pasemos directamente a hablar de cómo se crea un contexto adecuado con el cliente. Sin duda lugar a dudas, y sin perder de vista lo que has aprendido hasta el momento sobre el rapport, imaginarás que es sumamente importante para el buen transcurso de la sesión crear un buen contexto. El cliente, que sobre todo en las primeras sesiones se siente inseguro y vulnerable, necesita sentirse cómodo y relajado para así abrirse con facilidad y poder exponer todos sus pensamientos frente al Mindcoach.

De la habilidad de éste dependerá el insuflarle suficiente confianza como para que el ritmo de apertura a la situación de cambio sea más o menos rápido. Conseguirlo es vital; inicialmente el cliente debe darnos un voto de confianza a nosotros y a nuestra metodología. Puede que de entrada el método o el planteamiento le parezcan extraños, incluso incomprensibles desde un punto de vista lógico. Es por ello que contar con ese voto de confianza nos facilitará la labor como conductores de las sesiones.

Desde el punto de vista del Mindcoaching la creación de contexto se basará en establecer ese vínculo de confianza inicial mediante un correcto dialogo, una conversación distendida sobre cuáles son los motivos que han animado al cliente a acudir a un coach, qué es exactamente lo que espera del proceso, cuáles son exactamente sus expectativas, en qué estado se encuentra en relación a la consecución de su objetivo, etc.

En resumen, el contexto nacerá fruto de efectuar una perfectísima escucha activa. Escuchar al cliente siempre es importante. No obstante, en las dos primeras sesiones es crucial. Lo es porque será durante las dos primeras sesiones cuando se sentarán las bases de lo que será el proceso y se fijan las reglas que regirán la relación Mindcoach/cliente.

Para acabar de sintonizar del todo con el cliente hay una serie de conceptos interesantes procedentes del mundo de la Programación Neurolingüística que estoy seguro te serán de gran ayuda cuando estés con un cliente. A continuación aprenderás a cómo el cliente se representa la realidad en su interior y a cómo tú podrás sacarle partido a eso para hacer que el proceso avance con mayor rapidez.

Percepción y realidad

Es importante que nuestro cliente aprenda a distinguir entre percepción y realidad. El ser humano vive en un mundo físico del que tiene la certeza de su existencia a través de los sentidos.

La pregunta que planteamos en nuestros cursos: « ¿Cómo sabes que estás aquí?», no tiene únicamente como denominador común que los alumnos o clientes siempre tarden unas décimas de segundo en responder; además, la respuesta siempre es la misma: «Porque veo, escucho, oigo, siento…». Es decir, la respuesta siempre se basa en la percepción de la realidad a través de los sentidos.

Y lo es porque nuestros sentidos son los canales de percepción o sistemas por los que filtramos la realidad a nuestra mente. Lo cual nos lleva irremediablemente a recordar aquello que Aristóteles ya dijo sobre este tema en tiempos de la antigua Grecia: "No hay nada en la mente que no haya estado antes en los sentidos".

Los sistemas representacionales

La neurociencia explica perfectamente cómo los distintos sistemas sensoriales disponen de neuronas especializadas en la codificación de la información y el almacenamiento en nuestro cerebro. Éstas, además, son las encargadas de elaborar una representación del mundo a través de la cual nos regimos. Aunque en cualquier proceso de Mindcoaching lo más importante —

Directamente relacionado con el universo de la neurociencia— es la utilización que la Programación Neuro Lingüística hace de estos sistemas sensoriales; los cuales han sido desde siempre apodados, según la escuela, como canales perceptivos o sistemas representacionales.

En resumen: Los sistemas representacionales son aquellos mediante los cuales percibimos la realidad visual (imágenes), auditiva (sonidos), kinestésica (sensaciones), olfativa (olores) y gustativo (gustos).

El matemático polaco Alfred Korzybski afirmó que "El mapa no es el territorio" refiriéndose al hecho de que percibimos el mundo —Entendido como territorio— a través de los sentidos y posteriormente codificamosla experiencia en nuestro cerebro haciendo una representación de la misma. Es decir: Dibujamos nuestro mapa.

Teniendo en cuenta que la PNL es el estudio de la estructura de la experiencia subjetiva —Es decir: de nuestros procesos internos— no es de extrañar que la máxima de Korzybski sea uno de los principios básicos de cualquier proceso de cambio con técnicas de PNL aplicadas. Y es así ya que esta disciplina huye de la etiqueta y del juicio y se basa en el enriquecimiento del «mapa» del cliente para que perciba la realidad con mayor precisión y disponga de nuevas opciones para lograr sus objetivos.

Así pues es obvio llegar a la siguiente conclusión: Hay tantos mapas como individuos.

No obstante, a pesar de que todos los seres humanos utilizamos todos nuestros sentidos para percibir la realidad en ocasiones unos se emplean más que los otros. Por lo tanto, como no todos codificamos de la misma manera la representación del mundo siempre es singular a cada experiencia. Por ejemplo, una persona que sea muy visual recordará perfectamente todos los detalles que capte a través del sentido de la vista o alguien que sea muy auditivo recordará los sonidos que le rodeaban en el momento de un suceso.

Esta diferenciación de las manera de percibir recibe un nombre: Sistema representacional o canal sensorial prioritario.

Cuando vivimos una experiencia —sea la que sea— están

nuestros cinco sentidos percibiendo. Sin embargo, cuando accedemos a su representación mental no siempre la hemos codificado a través de los cinco sistemas y nos encontramos que nos falta información. Por ello cuando se trabaja con PNL o se acompaña a un cliente durante un proceso de Mindcoaching lo que se trabaja prioritariamente es su enriquecimiento del mapa a través de los tres principales canales: visual, auditivo y kinestésico.

A continuación te proponemos que hagas el siguiente ejercicio:

1-Cierra los ojos y busca un recuerdo agradable que haya vivido recientemente.

2-Recréate en él como si lo estuvieras viviendo de nuevo. Emplea el tiempo que necesites. Además, inspira y respira. Hazlo profundamente y sé consciente de cómo tu cuerpo se relaja.

3-Abre los ojos e intenta recordar cómo ha sido la experiencia.

4-Pregúntate cómo era la representación en tu mente: ¿habían imágenes? ¿Sonidos? ¿Sensaciones? ¿Sabores? ¿Olores? ¿Estaban los cinco sistemas representacionales o alguno de ellos predominaba?

Es posible que todos estuviesen en mayor o en menor medida. No obstante, la mayoría de las veces sólo hay dos o tres; incluso sólo uno de ellos, solamente imagen por ejemplo.

Si en tu caso estaban presentes los cinco, te propongo que hagas la prueba con más experiencias y que observes los resultados.

También hay que tener en cuenta que, en función del contexto, puede destacar un canal por encima de otro. Si recordamos un concierto es muy probable que el canal auditivo esté más presente que si estamos viendo un amanecer, dónde la luz, el color, el brillo tendrían seguramente más importancia.

Cuando nuestro cliente nos habla de su realidad, atendiendo al lenguaje sensorial que utiliza, podemos detectar cómo está "grabada" en su mente la experiencia y es importante detectar durante la conversación de qué manera percibe la realidad y cómo se la representa para poder conectar con su mundo interior. Para ello fijarnos en las palabras y expresiones que usa nos da las instrucciones para navegar por su mapa, un mapa que, si no es expresado por todos los sistemas, o al menos por los tres principales (vak), es un mapa pobre con relación al territorio, un mapa limitado. Nuestra tarea es acompañarle en ese proceso de encontrar nuevos caminos que le conducen desde el problema a la solución.

El movimiento ocular

El movimiento de los ojos muestra el sistema representacional en el que nos estamos moviendo mentalmente. Cuando procesamos o buscamos información nuestra mirada se orienta en distintas direcciones según el canal perceptivo operativo en ese momento y observarlos es relativamente fácil en función de cuán expresivo es nuestro interlocutor con la mirada.

Se han detectado seis patrones básicos de movimiento ocular, los que puedes ver en la figura de la página 39, que debes tomar como un estándar. Sin embargo es muy importante destacar que hay mucha controversia, mucho mito y confusión con respecto a ellos.

Hay publicaciones que afirman que todas las personas diestras se comportan siguiendo estos patrones inconscientes de movimiento y que las personas zurdas lo hacen con el eje vertical invertido.

Gracias a nuestra experiencia con cientos de clientes y alumnos podemos señalar que eso no es cierto: la mayoría de zurdos siguen los patrones básicos y una minoría de diestros lo hacen invertido.

Por eso nuestro consejo para animarte a utilizar esta gran herramienta es que lo hagas con minuciosidad y rigor. Tómate el tiempo de hacer unas preguntas de control a tu cliente para averiguar qué patrones sigue y así no llevarte al error.

Lo que podemos detectar tras la mirada del cliente no es el contenido de sus representaciones internas, sino la forma en que las estructura, sabiendo si en su mente hay imágenes, sonidos, sensaciones o diálogo interno. Esto permite obtener información de sus procesos internos sin necesidad de que él use el lenguaje, aunque será una herramienta muy poderosa de conexión que uses con él el lenguaje sensorial apropiado a sus patrones de movimiento ocular.

Ejemplo 1:

Mindcoach: ¿Qué quieres hacer en esos momentos?

Cliente:(mirada hacia arriba, a la izquierda, a la derecha) ..No sé..

Mindcoach: ¿Cómo ves la situación?

La mirada arriba indica que el cliente ha construido imágenes en su mente antes de responder, por eso el Mindcoach utiliza el lenguaje sensorial visual para seguir el diálogo.

Ejemplo 2:

Mindcoach: ¿Qué quieres hacer en esos momentos?

Cliente:(mirada hacia abajo a la izquierda) ..No sé..

Mindcoach: ¿Qué sensación te da la situación?

En este caso el cliente estaba teniendo sensaciones antes de responder y por eso el Mindcoach usa el lenguaje sensorial kinestésico.

Patrones de Movimiento Ocular

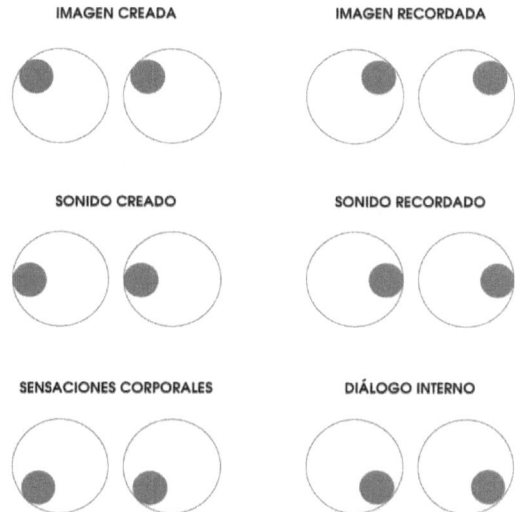

IMAGEN CREADA   IMAGEN RECORDADA

SONIDO CREADO   SONIDO RECORDADO

SENSACIONES CORPORALES   DIÁLOGO INTERNO

El calibrado

La mayoría de personas creen interpretar correctamente las conductas de sus interlocutores pero muchas veces se equivocan y se emiten juicios erróneos.

Hay infinidad de estudios acerca del lenguaje no verbal y mucha difusión sobre el significado de señales corporales que llevan a la traducción de ciertos gestos, posiciones y movimientos en deducciones sobre el estado emocional del otro. Las investigaciones demuestran que gran parte de la comunicación humana se lleva a cabo mediante el cuerpo y que de manera inconsciente lo usamos como vehículo para transmitir y recibir mensajes y obrar en consecuencia a su interpretación.

Sin embargo, todo ello no implica que en todas las ocasiones comprendamos apropiadamente las señales y que reaccionemos a ellas de manera adecuada.

Percibir con precisión los procesos internos es de vital importancia cuando trabajamos con nuestros clientes y desarrollar esta habilidad es un requisito indispensable para el Mindcoach®, así puede reconocer el estado de ánimo del cliente, y seguir cualquier indicio de conflicto o rechazo para poder llevar el proceso de manera adecuada.

Esta habilidad, el calibrado, se entrena de manera muy fácil observando sensorialmente la conducta de nuestros congéneres; calibrar implica observar y memorizar todos los detalles externos que nos muestra nuestro interlocutor mientras conocemos lo que está ocurriendo en su interior, de esta manera cuando "archivamos " estos datos teniendo en cuenta el contexto, no generalizamos las señales y no interpretamos erróneamente. Se trata de efectuar una observación detallada y completamente consciente, centrada en la percepción sensorial, como propone la PNL, en lo que se ve, lo que se oye, lo que se siente...

Para calibrar debe observarse las distintas señales que emiten nuestros clientes y seguidamente mencionamos las más básicas.

1-Visuales: Respiración, color de la piel, dirección de la mirada, frecuencia de parpadeo, tamaño de las pupilas, tono muscular, comisura de los labios, posición de la cabeza, hombros, brazos, piernas, pies..

2-Auditivas: Velocidad del habla, volumen de la voz, timbre, tono

3-Kinestésicas: Temperatura cutánea, humedad de la piel, tono muscular y presión.

Los Metaprogramas

Desde que en los años 50 George Miller mostró que hay millones de bits de información que llegan constantemente a nuestros sentidos, hasta las últimas investigaciones que los cifran en cuatro mil millones de bits de información por segundo, y de los que conscientemente sólo procesamos dos mil, nadie duda de que la mayoría de nuestros procesos son inconscientes y de que prácticamente el 95% del tiempo funcionamos en piloto automático, pues bien los Metaprogramas tienen mucho que ver con esto.

Los Metaprogramas son filtros inconscientes de información que junto con las creencias y los valores son elementos clave de la creación de nuestro mapa mental. Son los que determinan como dirigimos nuestra atención, cómo pensamos al respecto del mundo y cómo decidimos actuar.

Después de que Leslie Cameron-Bandler identificara treinta y seis patrones distintos, en la actualidad se han ido agrupando y el número se ha reducido, lo que facilita mucho el trabajo para detectarlos. Y quizá ahora te estés preguntando: ¿Cómo podemos detectar los Metaprogramas? A través del lenguaje. El lenguaje es el vehículo por el que las personas mostramos cuáles son los filtros que estamos usando en el momento en que hablamos de cualquier situación.

Para arrojar más luz sobre el misterioso mundo de los Metaprogramas cabe aclarar ciertos puntos:

1. No hay Metaprograma correcto o incorrecto, bueno o malo.

2. Todos los usamos todos.

3. Pueden variar según el contexto.

4. Los vamos instalando con nuestras experiencias.

5. Se pueden cambiar.

6. Se identifican a partir del comportamiento y/o el lenguaje.

7. No pueden utilizarse para predecir la conducta.

8. Son filtros sin contenido.

Cuando decimos que todos usamos todos los Metaprogramas es porque la mayoría de personas usan filtros distintos en función del contexto, es decir, podemos usar unos en el entorno profesional y otros en el personal o familiar. Los Metaprogramas nos ayudan a la comprensión de nuestros congéneres, pero no debemos servirnos de ellos para colocarles etiquetas. Por eso hablamos de "metaprograma operativo" refiriéndonos al filtro que está siendo utilizado por una persona en el momento en que habla de una situación concreta.

Cuando detectamos que un Metaprograma no es beneficioso para nosotros en algún ámbito, podemos cambiarlo aplicando conscientemente la conducta correspondiente al Metaprograma que deseamos instalar. Por ejemplo: si alguien está muy enfocado en los detalles, cosa que le sirve a la perfección en el laboratorio para el que trabaja, pero le trae conflicto cuando corrige continuamente a sus hijos en casa, debe trabajar el hecho de permitir que sus hijos se expresen exageradamente sin corregirles, que omitan detalles, que no ordenen los lápices de colores según la gama cromática etc.

Si alguien lleva mucho tiempo usando un filtro concreto, como ya hemos dicho de manera inconsciente, ha de entrenarse para el cambio, repitiendo la conducta deseada hasta que empiece a formar parte de su personalidad, porque las distintas combinaciones de Metaprogramas dan lugar a actitudes, conductas y comportamientos distintos y cambiando varios Metaprogramas se puede a cambiar por completo la personalidad.

A continuación te mostraré una lista de los Metaprogramas más importantes con una frase a modo de ejemplo.

1. Filtros de interés primario: Indica lo que a la persona le interesa y en qué orden. Responde a las preguntas qué, cómo, cuándo, dónde, cuánto y quién. "¿Vienes al cine con nosotros?"

- Actividad: ¿Qué vais a ver?

- Tiempo: ¿A qué hora?

- Lugar: ¿A qué cine?

- Proceso: ¿Cómo iremos, en coche?

- Personas: ¿Quiénes vamos?

- Cantidad: ¿Cuántos somos?

2. Filtro de marco de referencia: Indica si la persona decide y actúa según sus criterios o siguiendo los de los demás.

- Referencia Interna: "Creo que esto es lo que me conviene"

- Referencia externa: "Me han dicho que éste es el que me conviene"

3. Filtro de relación: Si se toma una decisión para igualarse o para diferenciarse.

- Diferenciar: ¿Le regalamos este bolso tan original?

- Igualar: ¿Le compramos un jersey como el que perdió?

4. Filtros de tiempo: Puede ser desde el proceso: Si la persona está asociada o disociada de la experiencia. O Desde el foco: si orienta sus decisiones o acciones al presente, pasado o futuro.

- En el tiempo: Es increíble lo bien que estoy"

- A través del tiempo: "Es increíble cómo me he ido encontrando mejor"

- Entre tiempos: "Entre el verano en la playa y el invierno en la ciudad me encuentro mejor"

- Pasado: "Es el mejor producto, lo fabricamos desde 1985"

- Presente: "Es el mejor producto disponible ahora en el mercado"

- Futuro: "Este es el producto que dará más satisfacción a nuestros clientes"

5. Filtro de dirección: Dirigir las decisiones "acercándose a" o "alejándose de".

- Acercarse: "Voy a buscar un trabajo donde me paguen x euros"

- Alejarse: "Quiero un trabajo donde no me paguen tan mal"

6. Filtro de tamaño de la información: Indica si la persona tiene tendencia a ver la globalidad o el detalle.

- Global: "Espero que todo estará bien"

- Detalle: "Confío en que revises punto por punto y en el orden indicado"

7. Filtros de respuesta: Indica si la persona decide por sí mismo, si tiene iniciativa, si tiene implicación...

- Proactiva: "Lo revisaré y decidiré si se puede presentar el proyecto"

- Reactiva: "Cuando se revise ya me dirán qué hacer"

- Asociada: "Es fantástico decidir esto"

- Disociada: "Esta decisión puede afectar a la gente"

8. Filtros de convencimiento: Indica cómo se convence al decidir. Desde el sistema o el proceso.

- Visual: "Ya veo que esto es lo más conveniente"

- Auditivo: "Me ha dicho que éste es el que me conviene"

- Kinestésico:" "Me da la sensación de que éste es el más conveniente"

- Digital: "He leído que éste es el más conveniente"

- Automático:" Sí, éste me gusta, lo compro"

- Período de tiempo: "Lo pensaré unos días y si me decido, volveré"

- Repetición: "Lo he mirado una y otra vez y al final me he decidido"

- Continuo: "Lo vi un par de veces la semana pasada, volví ayer y quizá ahora me decida"

Cuando un Mindcoach detecta los Metaprogramas operativos del cliente debe expresarse de manera que esos filtros permitan que sus palabras formen parte de la información que el cliente procesa conscientemente. Usando sus Metaprogramas en nuestras frases creamos un rapport muy profundo, uno que conecta con la estructura mental del cliente y eso tiene una gran influencia.

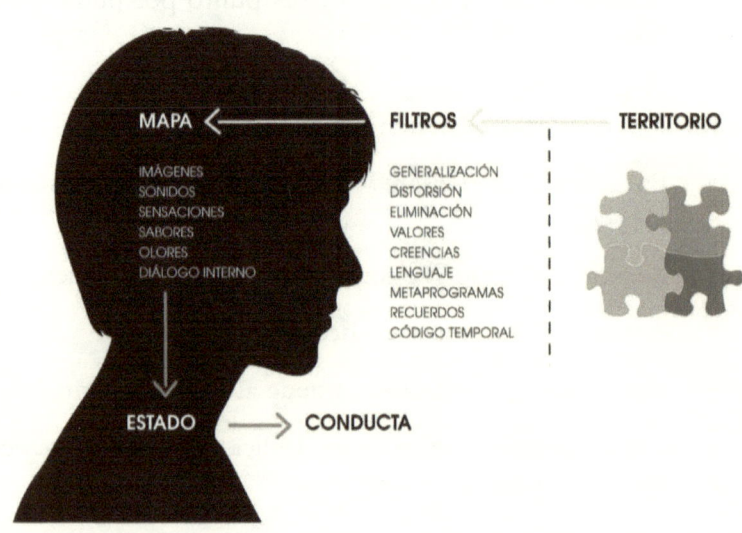

46

El 'tirano'

Ya con la mochila bien cargada de conocimiento y herramientas toca ponerse en marcha. Toca calibrar al cliente y ver exactamente qué objetivo tiene y cómo quiere llevar a cabo el proceso de cambio. No obstante, eso no será tan sencillo como cabría esperar. Y no lo será porque en los primeros encuentros con éste aparecerá una tercera figura que habrá que detectar, catalogar y dominar. A esa figura la apodaremos 'tirano'.

Según la RAE, 'tirano' es: Dícese de ese sentimiento opresor que domina la voluntad de una persona.

Así pues, el tirano será ese 'ser' que en ocasiones aparezca durante el transcurso de las sesiones, sobre todo las primeras, y que se opondrá sistemáticamente al cambio.

El 'tirano' es un 'ser' que habita dentro de nosotros con un único objetivo: Protegernos. Es una parte de nuestra psique destinada a mantenernos en la zona de confort. Afincados en lo sencillamente cotidiano poco peligroso. El 'tirano' se encarga de que no tomemos decisiones alocadas o poco reflexionadas por tal de evitarnos futuros disgustos. No obstante, lo que el 'tirano' no sabe es que en ocasiones esa espontaneidad y ese empuje irracional o poco reflexionado son ingredientes esenciales para conseguir aquello que nos propongamos.

El 'tirano', como guardaespaldas nuestro que es, no piensa, simplemente ejecuta. Siempre nos decanta hacia lo más sencillo, hacia aquello que menos implicaciones negativas pueda llegar a tener a largo plazo. Actúa, al uso, del mismo modo que actuaría un buen antivirus; evaluando las posibles amenazas y frenándolas. Lo único negativo es que en ocasiones se equivoca y hay determinados mensajes que no nos llegan. Mensajes importantes que pueden cambiar radicalmente las cosas.

Por ello como Mindcoach se debe estar ojo avizor, simultáneamente a esa crucial escucha activa, por si el oscuro pasajero aparece. Identificarlo es sencillo. Siempre reacciona de manera agresiva. El 'tirano' siempre hace que nos justifiquemos por todo. Ejemplo:

—¿Tres horas libres al medio día no son suficientes para ir al gimnasio? —pregunta el Coach.

—Pues claro que no —Aquí el matiz de la voz del cliente ha cambiado, está a la defensiva—. Primero llega al gimnasio, cámbiate, sube a la sala de máquinas, haz media hora de bici, luego baja y cámbiate, ponte el bañador, ves a la piscina, sal de ella, cámbiate otra vez… imposible, al medio día no puedo ir al gimnasio, no me da tiempo.

—¿Y qué pasaría si hicieses las cosas de otra manera? —Esta pregunta abierta le llevará a reflexionar y a buscar otras alternativas.

—No lo sé, quizás podría variar algo.

—¿Entonces podrías ir al gimnasio tres veces por semana? —Al insistirle activarás al 'tirano' de nuevo.

—Hombre, tres veces no lo sé. Ir tres veces implica muchas cosas. Tendría que dejar a mis hijos a comer en el comedor y ahora mismo no estoy parar asumir ese gasto. Es que no es tan fácil.

Reconoceremos al 'tirano' cuando el cliente adopte una postura exagerada frente a un problema nimio como en el ejemplo que acabamos de ver. La actitud del cliente será tensa, a la defensiva, acelerada para pasar rápidamente a otro asunto y se auto-justificará para convencerse de que la situación es así y no puede ser de otro modo.

Así pues, es responsabilidad del Mindcoach identificar y lidiar con el 'tirano' cada vez que aparezca. Cuando este 'ser' entre en escena hay que prestar especial atención a su discurso. Observar cómo pronuncia determinadas palabras, cuáles son las partes en las que hace más hincapié y con qué se muestra especialmente insistente. Por sistema, el 'tirano', hace mentir al cliente como mecanismo de auto-defensa. Ejemplo:

—¿Crees que ir al gimnasio tres veces por semana es muy importante para que llegues a cumplir el objetivo que te has marcado de perder peso y ponerte en forma?

—A ver, sí que es importante, pero tampoco tanto. A parte de ir al gimnasio hay otras cosas que también influyen en que me engorde… —Aquí el 'tirano' por tal de defenderle hace que le quite hierro a la pregunta y que automáticamente desvíe la atención del Mindcoach hacia otro asunto. Además, el tirano siempre dice lo contrario a lo que quiere:

—Dices que para poder ir tres veces por semana al gimnasio para cumplir tu objetivo implica tener que dejar a los niños en el comedor de la escuela, luego entonces ¿tus hijos de algún modo son una traba para conseguir todo aquello que te propones?

POSIBILIDAD 1: —Dicho así suena es exagerado, pero es cierto que mis hijos en alguna ocasión me limitan. (La respuesta del cliente es natural y relajada, se nota que no oculta nada y que está diciendo la verdad).

POSIBILIDAD 2: —¡No! Para nada, ¿cómo van a ser una traba? Son mis hijos, sabía lo que implicaba tenerlos. (Desde el inicio de la respuesta notas que se tensa y rápidamente responde que no; ni si quiera se toma un momento para reflexionarlo. Además, dice que NO cuando claramente es SÍ y finalmente dice: «Sabía lo que implicaba tenerlos», cómo un reproche.

El 'tirano' es un hueso duro de roer, de eso no cabe duda. Por ello necesitaremos todo tipo de herramientas para detectarlo y así neutralizarlo para que el cliente avance.

Una buena manera de hacerle salir es hablando con el cliente, preguntándole relajadamente, dándole confianza para que baje la guardia. A parte, una de las herramientas más poderosas que nos ha dado el coaching es el uso de la pregunta y la otra, directamente extraída de la PNL, es el metamodelo; ambas perfectas maneras de detectar ese 'tirano' interior. Anexas a ellas también nos serán de ayuda el uso del lenguaje y el modelo de Milton Erickson.

Así pues, podemos concluir que el tirano será neutralizado usando:

1. El lenguaje.

2. El metamodelo.

3. El modelo de Milton Erickson.

4. El poder de la pregunta.

A continuación te invito a que me sigas en el desarrollo de las mismas, recuerda que mientras me sigues y lees estas líneas tu cerebro hace pequeños ajustes para interiorizar todo este aprendizaje. Así que tranquilo, simplemente lee, pasea tus ojos sobre estas líneas y deja que tu mente inconsciente absorba todos estos nuevos conocimientos que te brindo.

Piensa que cuanto más lees, más conocimientos absorbes; por tanto, cuantos más conocimientos absorbes menos dudas tienes sobre este asunto; y gracias a tener menos dudas, más sencillo te resulta seguir mi ritmo; así pues, más cansado estás y menos resistencia tienes al cambio.

El Lenguaje

Cuando experimentamos la vida lo hacemos, como ya hemos insistido ampliamente, con todos los órganos sensoriales, es decir, la experiencia primaria y lo hacemos almacenando una vivencia de forma completa y precisa o, como los creadores de la PNL lo han llamado, la estructura profunda.

Sin embrago cuando queremos usar el lenguaje para describir la experiencia, ya sea para contarla a otros, ya sea para hablarnos a nosotros mismos, dicha estructura sufre transformaciones atendiendo a tres procesos que hacemos inevitable y continuamente que son fundamentales en nuestra vida:

1-Eliminación: Es simplemente necesario porque nuestro cerebro no puede procesar toda la información que nos llega a cada instante

2-Distorsión: Nos permite crear la novedad e imaginar.

3-Generalización de la información: Nos facilita el aprendizaje.

Sin embargo, cuando estos procesos convierten la estructura superficial en una "realidad" limitante, el Metamodelo, que es un modelo lingüístico, ofrece a través de preguntas, la conexión entre la experiencia profunda y la superficial.

Con el uso del Metamodelo *Grinder* y *Bandler* propusieron una técnica interrogatoria destinada a ampliar el mapa del cliente, a enriquecerlo y a ser una herramienta muy poderosa para que el cliente reconstruya la estructura profunda; ello ideado única y exclusivamente para que los procesos inconscientes de eliminación de información, distorsión y generalización no conviertan la estructura superficial en limitante.

Por otro lado, no hay que olvidar, que un Mindcoach debe navegar por el mapa del cliente y no interpretar desde su propia visión del mundo, por lo tanto la utilización de los patrones del Metamodelo le permite indagar, conseguir más información y tener un conocimiento claro de la realidad del cliente.

<u>Las eliminaciones:</u>

Cuando nos concentramos en algo dejamos de percibir mucha información que está fuera de nuestro foco de atención, y eso es realmente saludable, pero en un proceso de Mindcoaching esta eliminación puede, justamente, impedirle al cliente hallar la solución. Para desafiar la omisión de información el Mindcoach ha de preguntar sobre todo lo no explícito en la frase del cliente. Existen varios tipos de eliminaciones:

1. **Eliminación simple**: "Dijo que estaba enfadado". **Preguntas:** ¿Quién lo dijo? ¿A causa de qué? ¿Con quién? ¿A quién se lo dijo?

2. **Eliminación comparativa:** "Esto es más difícil". **Preguntas:** ¿Más difícil que qué? ¿Comparado con qué?

3. **Eliminación adverbial:** "Desgraciadamente no me compró un regalo". **Preguntas:** ¿Es desgraciado para quién?

4. **Eliminación con verbo inespecífico:** "Él me maltrató". **Preguntas:** ¿Cómo lo hizo exactamente?

5. **Eliminación con sujeto o complemento impreciso:** "Lo hacen los demás". **Preguntas:** ¿Quiénes son los demás? ¿Qué exactamente?

<u>Las distorsiones:</u>

Gracias a este proceso podemos crear e imaginar, pero en un contexto conflictivo donde hay distorsión se puede construir una percepción negativa de la realidad y creer cosas que no existen.

1. **Nominalizaciones:** Es el resultado de convertir un verbo en un substantivo llevando a la persona a creer que es un proceso terminado, o ajeno, sobre el que no tiene control, e incluso a pensar que hay solución. "No tengo esperanza". Preguntas: ¿Qué esperas exactamente? "la decisión ya está tomada" ¿Quién decide?

2. **Causa/efecto:** Es cuando en una frase se indica que un estímulo concreto causa una experiencia determinada. "Mi marido me pone nerviosa". Preguntas: ¿Alguna vez

tu marido no te pone nerviosa? ¿Todo lo que hace te pone nerviosa? Si lo hiciera otra persona, ¿También te pondrías nerviosa?

3. **Lectura de mente:** Cuando se supone o adivina cómo piensa o siente otra persona. "A mi jefe no le caigo bien". Preguntas: ¿Cómo lo sabes? ¿Te lo ha comentado?

4. **Equivalencia compleja:** Cuando en una frase dos experiencias distintas se dicen juntas, lo que implica que sean equivalentes. "Cuando pierda 5 kilos seré feliz". Preguntas: ¿Cómo lo sabes? ¿En qué te basas? ¿Todas las personas con 5 kilos menos son felices?

5. **Fuente perdida:** Cuando se consideran como verdaderas para la propia experiencia individual apreciaciones sobre el mundo sin conocer la fuente. "No es bueno pensar así". ¿Según quién no es bueno? ¿Quién lo dice? ¿En base a qué?

<u>Las generalizaciones:</u>

Con el proceso de generalización podemos resolver situaciones presentes en función del aprendizaje de experiencias pasadas, aunque también podemos llevar a distintos contextos comportamientos o sentimientos negativos. Y para eso, el Mindcoach cuestionando las generalizaciones del cliente va a reducir el conflicto y acotarlo gracias a las preguntas adecuadas.

1. **Cuantificadores universales:** Son términos que excluyen excepciones y/o otras opciones como siempre, nunca, nadie, todos, nada, jamás, cualquier... "Siempre me ignora" Preguntas: ¿Siempre? ¿En todo el tiempo que le conoces te ha ignorado?, ¿No hay ni una sola vez que no lo haya hecho? "Nunca me llama". Preguntas: ¿Nunca? ¿No recuerdas alguna vez que te llamara?

2. **Cuantificadores limitantes:** Son términos que reducen una parte de la experiencia como sólo, solamente, únicamente, lo único, nada más..."Solamente quiere que le escuche" Preguntas: ¿Seguro que eso es lo único que quiere?

3. **Operadores modales:** Son términos que implican que

el individuo no tienes opciones. Los hay de necesidad, obligación y posibilidad, como necesito, debo, tengo que, no puedo, es imposible…"Tengo que ir a dormir temprano"¿Qué pasaría si no lo hicieras? "No puedo retrasarme". Preguntas: ¿En qué circunstancias eso sería posible?

4. **Presuposiciones:** En toda frase hay presuposiciones, elementos que no son expresados pero que están implícitos. Las presuposiciones que empobrecen el mapa del cliente, se cuestionan con preguntas que empleamos para otros patrones de Metamodelo. "El Mindcoaching es el más efectivo modelo de cambio". Implícito está que hay un modelo llamado Mindcoaching©, que sirve para cambiar, y que hay otros menos efectivos porque éste es el más. Preguntas: ¿Según quién? ¿En qué te basas? ¿Cómo lo sabes?

Cuando el Mindcoach desarrolla la habilidad de detectar los patrones lingüísticos del cliente, el Metamodelo es una herramienta verbal que, muchas veces, sin ayuda de otras técnicas le permite darse cuenta de las limitaciones y los frenos que le impedían llegar al estado que deseaba. Cuando el cliente expresa en la estructura superficial su "realidad" no es consciente de toda la distorsión, omisión o exageración que hace inconscientemente de su conflicto y enfrentarse a ello no le va a resultar ni fácil ni agradable, por eso es imprescindible establecer un clima de confianza, un rapport elevado y mostrar un profundo respeto por el cliente.

Si con todas las preguntas del Metamodelo, podemos obtener información específica sobre la "realidad subjetiva" y decodificar los programas internos que frenan y limitan, con el llamado modelo Milton podemos conectar más fácilmente con el inconsciente y encontrar todos los recursos necesarios para enriquecer el mapa y hallar nuevas opciones.

Modelo Milton

En los 70, Richard Bandler y John Grinder se preguntaron por qué había personas que obtenían resultados extraordinarios en sus vidas, mientras que otras, con la misma formación, resultaban simplemente mediocres. Partieron de la suposición de que si alguien hace algo bien y se conocen los procesos implicados en ello, se puede hacer un modelo de trabajo para que otras personas también lo puedan aplicar.

Así comenzó el proyecto que más tarde sería conocido como Programación Neuro Lingüística, una metodología para el cambio a través del lenguaje. Y en su desarrollo decidieron observar de cerca el trabajo de varios terapeutas exitosos, entre ellos Milton Erickson, conocido hipnoterapeuta que revolucionó el mundo de la psicoterapia al utilizar una particular manera de usar el lenguaje.

Erickson sufrió de poliomielitis a los 17 años y contra todo pronóstico médico consiguió recuperar la movilidad gracias a su tesón y a un paciente trabajo mental. Esto le proporcionó una fórmula original y autosugestiva de tratar las dificultades psíquicas y obtuvo grandes éxitos al aplicarla a sus pacientes.

A partir del estudio de su trabajo, los creadores de la PNL descifraron los patrones lingüísticos utilizados por Erickson dando lugar al Modelo Milton, modelo de lenguaje hipnótico, vago e impreciso, que el Mindcoach utiliza para abrir la mente a nuevas posibilidades y crear nuevos programas mentales.

Esta manera de comunicar ambiguamente permite a tu interlocutor dejar vagar la mente en sus propios procesos internos, y conectar con el hemisferio derecho que es menos crítico y más creativo, de donde florecen las nuevas alternativas y soluciones.

Patrones lingüísticos del Modelo Milton

1. **Nominalización:** El uso de substantivos intangibles que eliminan mucha información y que el oyente adapta a su experiencia (confianza, libertad, belleza...) "Puedes usar tu libertad"

2. **Verbo inespecífico:** Cuando se usa un verbo confuso para que el cliente le de su propio significado (saber, solucionar, sentir, percibir...) "Porque tú sabes que es posible"

3. **Ausencia de Índice de referencia:** Cuando no se especifica el substantivo del que se habla. "A la gente le resulta fácil relajarse"

4. **Eliminación:** Cuando falta información específica. "Resulta muy agradable"

5. **Conectores:** Palabras usadas como nexo que hacen que una experiencia vivida de lugar a la que queremos crear (y, mientras, hace que, provoca...). "Mientras estás aquí, te das permiso para cambiar"

6. **Lectura de mente:** Construir una frase como si el Mindcoach supiera lo que ocurre en la mente del cliente, para que él se plantee la cuestión. "Tal vez te preguntas cuándo vas a sentirte mejor"

7. **Fuente perdida:** Cuando queremos que una idea se acepte como una verdad. "Es bueno que puedas expresarte libremente"

8. **Generalización:** Usada de manera contraria al Metamodelo, para hacer grande lo positivo y llevarlo a otros contextos (todos, siempre, hay que, debes...). "Todas las soluciones que has encontrado", "Siempre puedes mejorar", "Sólo tienes que dejarte llevar"

9. **Orden encubierta:** Cuando en una frase hay una orden no dada directamente. "No sé exactamente cuán rápido te vas a sentir bien"

10. **Marca analógica:** Dar importancia a una palabra con una entonación distinta de la voz. "Y puedes *ahora* sentirte mejor"

11. **Disyunción:** El uso de la palabra "o" para dar opciones sobre lo que queremos que pase. "Quieres hablarme de tu trabajo ahora o más tarde"

12. **Uso de adverbios:** Un adverbio en una frase puede crear la idea de regla o norma general. "Afortunadamente hablar de las preocupaciones alivia mucho"

13. **Pregunta encubierta:** Incluir una pregunta en medio de una frase. "Mientras te escucho me pregunto cuándo decidirás contárselo al jefe?

14. **Entrecomillado:** Atribuir a otra persona u otro tiempo algo que queremos que escuche. "Una vez mi amigo Vicente me dijo: ya es hora de vivir tu vida"

15. **Violación de restricciones selectivas:** Atribuir una cualidad a algo o alguien que por naturaleza no puede tenerlo. "El río se sentía estancado"

La pregunta

Llegados a este punto, con toda la información que disponemos, podemos adentrarnos directamente en uno de los apartados más importante pues en él confluyen todos los anteriormente citados. Además de ser el canal mediante el cual se acciona todo lo anterior, es un arma para acabar con el 'tirano'. Sin la pregunta nos hallaríamos completamente a merced de ese oscuro pasajero empeñado en no dejar cambiar a nuestro cliente.

Según algunas asociaciones de coaching: *"Una pregunta poderosa refleja una escucha activa y un entendimiento de las perspectivas del cliente y lo lleva a descubrir, profundizar, comprometerse, tomar acción, ganar claridad, abrir posibilidades o aprender cosas nuevas."*

Teniendo en cuenta su definición, a continuación desgranaremos qué es exactamente la pregunta, qué tipos existen y cómo debes manejarla siendo coach. En el próximo bloque aprenderás la importancia de manejar las preguntas con maestría para así lograr que tus clientes consigan los objetivos que se proponen.

Y es que sin preguntar no hay información y sin información no hay proceso. La información es sumamente importante para saber en qué punto está el cliente y qué es exactamente lo que necesita. Saber lo que necesita exactamente hará que tú sepas en todo momento cuál es el rumbo debes tomar cómo conductor de su proceso. Esto lo conseguirás única y exclusivamente estableciendo una óptima comunicación con tu cliente.

Y si hablamos de comunicación está claro que el lenguaje es el punto clave en toda buena comunicación. Ten en cuenta lo siguiente y no lo pierdas de vista durante el resto del proceso: El lenguaje no es inocente y condiciona no sólo un modo de comunicación, sino que, ante todo, es fruto de una cosmovisión, de una manera de situarse ante las cosas. Es más, la lengua nos conduce a estar de un modo determinado en la realidad. Partiendo de esta premisa y, además, teniendo en cuenta que el ejercicio del Mindcoaching se basa en la presencia, la atención y la reflexión. Resulta lógico que la pregunta sea uno de los instrumentos más poderosos del Mindcoach durante el proceso.

La pregunta es esa interpelación que se realiza con la única intención de obtener algún tipo de información. Al pronunciar esta interrogación siempre se espera recibir una respuesta que incluya los datos que se están buscando. Durante el proceso la pregunta nos ayudará a ubicar al cliente en contexto y en el estado emocional presente, datos clave que determinarán la velocidad de su proceso.

No debemos en ningún caso utilizar la pregunta para interrogar o para extraer información del cliente para saciar nuestra curiosidad. Las preguntas siempre deben ser directas, claras y enfocadas en todo momento a hacer reflexionar al cliente sobre su situación presente en relación al objetivo que se haya marcado. Curiosear preguntando no sólo puede llegar a minar la confianza que el cliente tendrá depositada en nosotros, sino que hará que perdamos el hilo conductor del proceso y esos datos sobrantes nos entorpecerán desviando nuestra atención de lo que principalmente hemos de trabajar.

Las preguntas aparecen a cada instante de la vida cotidiana a través de las denominadas oraciones interrogativas: "¿Qué hora es?", "¿Qué vamos a comer?", "¿Cuándo saldrás de la oficina?", "¿Cómo te sientes?", "¿Dónde está el tío?", etc. También pueden aparecer en contextos más formales, como una evaluación en la escuela ("¿Qué países declararon su independencia en 1816?", un censo ("¿Cuántas personas viven en su casa?") o un formulario fiscal ("¿Cuál fue su volumen de ventas en el último trimestre?").

Por ello, como coach, el manejo de la pregunta no sólo te reportará maestría desempeñando tu profesión sino que además generará importantes cambios en tu vida cotidiana cuándo identifiques en tu comunicación diaria todas esas oportunidades de utilizar el lenguaje a tu favor. Saber escuchar y a la vez formular la pregunta adecuada en el momento idóneo será clave para ayudar a los demás a que consigan esos cambios que buscan. E ahí que la pregunta se considere la herramienta más importante del coach. Se podría decir que la pregunta es al Mindcoach lo mismo que el bisturí al cirujano. La herramienta que permite llegar a la raíz de la cuestión. El utensilio que utilizado limpia, pulcra y sabiamente 'abrirá' al cliente para que le ayudes a gestionar su objetivo.

A parte de pregunta como las que anteriormente hemos visto. Existen otro tipo de preguntas denominadas retoricas. Pese a que la esencia de las preguntas es pedir una respuesta, esta forma interrogativa no espera ninguna devolución por parte del interlocutor; ni siquiera está dirigido a alguien en particular. Suelen ser expresiones que buscan fomentar una reflexión o impulsar un cambio de actitud en el oyente. Una pregunta retórica frecuente es la formulada por los padres a sus hijos: "¿Cuántas veces te he dicho que ordenes tu cuarto?". Otras preguntas retóricas habituales surgen tras una catástrofe o tragedia: "¿Qué le ocurre al ser humano?", "¿Por qué me pasa todo esto?", "¿Cuándo se terminará esta mala racha?".

Tipos de Preguntas

Existen cinco clases principales de preguntas. Son las siguientes:

- Preguntas abiertas.

- Preguntas reflexivas.

- Preguntas directivas.

- Preguntas de opción múltiple.

- Preguntas cerradas.

Las preguntas abiertas no pueden responderse con un "sí" o un "no". Su fuerza estriba en que solicitan información sobre emociones y pensamientos. Se utilizan para obtener información y se diseñan para averiguar lo que hay en la mente del cliente . Esta clase de preguntas se apoyan en el qué y quién, en el cómo, el cuándo, el dónde y el por qué. Algunas de estas preguntas son: "¿Qué le parece?", "¿Dónde cree se podría mejorar?", "¿Cuándo sería efectivo?", "¿Cómo reaccionaría si…?".

Las preguntas reflexivas requieren de una consideración previa y su posterior conversión en otra pregunta formulada con otra fraseología. Este tipo de preguntas dan al cliente la oportunidad de volver a pensar, de reconsiderar o de volver a manifestar los pensamientos e ideas que le han llevado a dar la respuesta anterior. Le ayuda a determinar las objeciones reales al tiempo que estimula su capacidad reflexiva y habitúa su mente a recalcular con mayor rapidez el contenido de sus conversaciones. Algunas de estas preguntas son: "¿Entonces piensa que su situación es…?", "Juan, ¿cree usted que este método le ayudaría a…?", "¿Ya probó algo parecido, y le parece que…?", "¿Hasta ahora su experiencia ha demostrado…?", "Vamos a ver si he entendido. ¿Quiere decir que…?".

Las preguntas reflexivas ayudan a aclarar y definir áreas de preocupación que puede que tu cliente no sea consciente o que no haya sido capaz de expresar. Cuando utilices dichas preguntas mantén un tono de interés en tu voz y evita cualquier otro tono que pudiera delatar un juicio.

Las preguntas directivas dirigen la atención del cliente hacia la decisión que tu desees que tome. Es decir, manipulan su respuesta. A menudo se utilizan en cierres de prueba; por ejemplo, cuando se trata de medir los resultados de una venta con objeto de ver si el cliente potencial está preparado para comprar. La pregunta expone una idea dada o un punto determinado, o tú clarificas los pensamientos del cliente, o tu pregunta ayuda a éste a decantarse a favor de las ventajas que se podrían derivar de la adquisición de tu producto o servicio. Las palabras "podría" y "debería" son de gran ayuda al hacer una pregunta directiva, así como todas aquellas formuladas en condicional. Algunas de ellas son: "Sr. García ¿cuánto dinero/tiempo cree usted que esta ventaja podría ahorrarle?", "Roberto, ¿dónde piensa que podría ahorrar más si…?", "¿De qué manera sería mejor el nuevo plan que el antiguo, Felipe?", "Así que está de acuerdo, Sr. Hidalgo, en que este servicio podría/debería…?".

Las preguntas directivas exponen una idea, clarifican un pensamiento o ayudan al cliente a comprender una ventaja. No obstante, hay que andar con ojo porque el Mindcoach no debe dirigir. La figura del Mindcoach es acompañar. Y sus preguntas deben acompañar al cliente nunca guiarlo. Aun así, las preguntas directivas durante el proceso pueden servir para desencallar al cliente y crearle posibilidades nuevas en las que quizás él no había reparado. Ése es el único supuesto en el que se acepta ese nivel de 'manipulación'.

Las preguntas de opción múltiple son una forma de pregunta directiva. Se pueden utilizar para llevar al cliente hacia una conclusión, facilitan la respuesta pues dan posibilidades. A todos nos encanta que nos ofrezcan opciones. Son precisamente éstas, las opciones, las que ayudan al cerebro a generar nuevas conexiones neuronales y hacen que la respuesta tenga mucho más fundamento. No obstante, las opciones pueden ser un instrumento de manipulación con el que dirigir la respuesta. Este tipo de preguntas son útiles para momentos en los que el cliente se encalla y no ve más allá. Preguntarle de manera múltiple sobre una misma cuestión puede que desencalle su discurso construido a base de justificaciones. Recordad, el cliente sólo avanzará si le acompañamos y guiamos con maestría sus razonamientos. En ocasiones eso pasará por 'conducirle' nosotros mediante recursos como éste. Las preguntas de opción múltiple pueden dirigir la atención hacia el logro del objetivo para así proporcionarle a nuestro cliente un punto de vista cebado de meta-visión: "¿Crees que lo conseguirás en primavera o verano?", "¿Serás el mismo o habrás cambiado completamente?", "¿Será principio o fin?", "¿Habrá gente nueva junto a ti o seguirán junto a ti los mismos?", "¿Al conseguirlo serás capaz de mirar atrás y analizar o solamente mirarás para adelante?".

Las preguntas cerradas requieren un "sí", un "no" o un simple dato por respuesta: Ejemplo: "Este piso, ¿es de alquiler o de venta? Las preguntas cerradas son útiles para estrechar el círculo de opciones con rapidez. Esto puede ser bueno o malo. La gente novel en este campo tiende a abusar, para su desdicha, de las preguntas cerradas.

Cuando se hace una pregunta que requiere de un sí o un no, puede que se esté confiando en que la respuesta sea afirmativa. Si por casualidad el cliente dice "no", la propia respuesta podría dar por zanjado el asunto vetando la opción de continuar explorando esa vía. Sin embargo, si tú necesitas saber si tu cliente está comprometido a realizar con máximo esfuerzo por su parte el proceso o no, entonces deberás utilizar una pregunta cerrada. Ejemplo: "¿Estás dispuesto a dejarte la piel en esto?".

Los Mindcoach con poca experiencia se ponen ellos solos entre la espada y la pared con este tipo de preguntas. Las utilizan con demasiada precipitación para intentar alcanzar rápidamente la respuesta que desean oír y lo único que hacen es quemar cartuchos. A continuación os expondremos una conversación de este tipo:

> **Pregunta:** "¿Crees que lo que te está frenando en conseguir tus objetivos es tu familia?".

> **Respuesta:** "Por supuesto que no". (Con lo que el

Mindcoach ha de volver a la carga sobre el mismo asunto)

➢ **Pregunta:** "Pero me has dicho que tu familia no te apoya, ¿no te parece que de algún modo esa falta de apoyo te está frenando?".

➢ **Respuesta:** "No, en todo caso no me está ayudando. Pero no me está frenando. Es otra cosa". (Tema familia completamente vetado. cliente cerrado en banda para hacerle reflexionar sobre ese asunto. Sesión concluida porque ya está a la defensiva).

Así pues, recuerda: Las preguntas cerradas pueden resultar peligrosas, pero no trates de evitarlas por completo. Apenas las uses, o hazlo cuando creas que el cliente está a punto de tomar una decisión respecto algún asunto crucial para su proceso.

Modelos de preguntas por tema

Para determinar el perfil del cliente y tenerlo en cuenta al diseñar el plan de acción personalizado:

¿Qué te encanta?, ¿Qué odias?, ¿Qué te gusta hacer en tu tiempo libre? ¿Qué es lo que más te gusta de hacer eso?, ¿Qué te sale bien y fácil?, ¿Qué te cuesta trabajo?, ¿Cuáles son tus fortalezas / dones / talentos?, ¿Qué cosas te cargan / descargan las pilas?, ¿A quién admiras y por qué?, ¿Cuáles son los defectos que te molestan de los demás?, ¿Cuáles son tus formas de auto-sabotaje?

Preguntas para reconectarlo / ayudarlo a encontrar un rumbo:

Si lo que tienes ahora no te gusta ¿cómo crees que debería ser?, ¿Cómo te sentirías si supieses hacia dónde vas?, ¿Cómo te imaginabas que iba a ser tu vida?, ¿Qué te gustaría que pasara hoy que no esté pasando?, Si tu situación financiera estuviera solucionada de por vida ¿qué te gustaría hacer que te hiciera sentir útil?, Si tuvieras una varita mágica..., Si fueras a vivir tu vida a tope ¿de qué sería lo primero que tendrías que deshacerte?, ¿Habría algo que de tener más / menos marcaría alguna diferencia en tu vida?, ¿Qué estás soportando o tolerando actualmente que no te haga feliz?, ¿Qué quisieras hacer antes de morirte?, ¿Qué te daría más paz?, ¿Qué te pondría una sonrisa en la cara?, Tu vida sería perfecta de no ser por..., ¿Qué te gustaría que dijera tu epitafio?

Preguntas para ayudarlo a cambiar de perspectiva:

¿Qué se puede aprender de todo esto?, Esto sólo podría ser perfecto en caso de que tú..., Si la única opción fuera reírse ¿cómo podrías sacarle la gracia?, ¿Hay algo para agradecer en todo esto?, ¿Hay formas de hacerlo diferente?, ¿Qué es lo que tiene más valor de tu óptica actual?, ¿Qué destrezas te ha generado está situación?, ¿Después de esto, te sientes más/ menos (tolerante, impaciente, enjuiciador, etc) que antes?

Preguntas para la toma de conciencia:

¿Qué cosas tendrías que repetir para asegurarte de que

en un futuro vas a volver a estar exactamente en la misma situación?, ¿Qué se te cruza por la cabeza cuando piensas en eso?, De seguir cómo vas ¿cómo crees que vas a estar en 10 años?, ¿Hay alguna conexión entre lo que estamos hablando y tus valores o principios?, ¿Qué te impide hacerlo... qué te estás diciendo?, ¿Te estás escuchando? ¿Oíste lo que dijiste?, ¿Qué resultado esperas obtener con lo que estás haciendo?, ¿Cuáles son las ventajas de hacer / no hacer eso?, ¿De qué forma contribuye esto a tu vida? ¿Qué te aporta? ¿Qué sacas?, ¿Cómo estás alimentando ese hábito?, ¿Ya te había pasado algo semejante?, ¿Soltar eso significaría dejar atrás qué cosa?, ¿Quién es el que tiene el timón ahora?

Preguntas para crear acción:

¿Desde hace cuánto vienes pensando en eso?, ¿Cómo te sentirías si ya lo hubieras hecho?, ¿Qué pasaría si lo hicieras?, ¿Qué pasa si no lo haces?, ¿Qué te hace falta para estar listo?, ¿Qué podrías hacer que no estés haciendo?, ¿Qué tienes que dejar de hacer?, ¿Qué sería lo único que podrías hacer en este momento?, ¿Qué se te ocurre que habría que hacer para prepararte?, ¿Qué habría que hacer para que sucediera lo que te gustaría que pasara?, ¿Qué te acercaría a la meta?, Seamos fatalistas, ¿qué es lo peor que podría pasar?, ¿Qué sería lo mejor de lograrlo?, ¿Qué sería lo peor de no lograrlo?, ¿Qué podría hacer que te llamara la atención en lugar de huirle?

Preguntas para establecer la meta:

¿Podríamos comenzar a trabajar en tu meta ahora mismo o tendríamos que esperar algo?, ¿Cuál es tu motivación principal para alcanzarlo?, ¿Cómo vamos a saber cuándo alcances la meta?, ¿Qué plazo quieres darte para alcanzarla?, ¿Te interesa que te cuente algo de cómo alcanzar metas más fácilmente?, ¿Cómo podríamos voltear eso que me estás diciendo y expresar lo que quieres alcanzar en lugar de lo que quieres dejar atrás?

Preguntas para diseñar un plan de acción:

¿Con qué cosas cuentas para alcanzar tu meta en este momento?, ¿Cuáles te están haciendo falta?, ¿Cuál podría ser un primer paso?, ¿Qué habría que hacer para descubrir el primer paso?, ¿Quién te podría dar luces con este asunto?, ¿Con quién te podrías juntar que estuviera en la misma onda?, ¿Quién se podría burlar o sabotearte?, Eventualmente ¿qué obstáculos podrías encontrar en el camino?, ¿Cómo podrías evitarlos?, ¿Cómo podríamos poner tus talentos a trabajar por tu meta?, ¿Qué podríamos hacer si tus formas de auto-sabotaje aparecieran en el camino?

Preguntas para que el cliente encuentre soluciones propias:

¿Cómo te puedo ayudar yo?, Si te estuvieras oyendo ¿qué consejo te darías?, Suena interesante... cuéntame más, ¿Con qué palabra resumirías el asunto?, ¿Cuál sería la mejor pregunta que yo te podría hacer para despejar la situación?, ¿Qué es lo que necesitarías en este momento?

Así pues, se podría concluir que preguntar es un arte; un arte que se aprende. Una disciplina que requiere práctica y constancia. No pierdas nunca la oportunidad de poner en práctica este arte y recuerda que la clave está en que establezcáis una comunicación 100% efectiva. Darle 5 segundos de silencio para que se oiga pensar. No seas insistente y respeta su ritmo. No hay que sentirse mal si no responde inmediatamente, probablemente sólo está articulando. Piensa que todo, absolutamente todo, pasa a su cerebro y de un modo u otro germina nuevas ideas. Aliméntalo mediante preguntas poderosas. Haz que piense, reflexione y recapacite. Su éxito será tu éxito y gracias a él ambos creceréis. Encuentra el canal de comunicación más óptimo y utilízalo a tu favor.

Como ya sabes a estas alturas, las sesiones pueden ser presenciales o no. No obstante, el no estar cara a cara, no resta importancia a la contundencia y efectividad de las preguntas que articules. Sea el medio que sea, la pregunta siempre será tu mejor arma. Utilízala sabiamente y ambos os beneficiareis de ello.

Así pues, valorando en conjunto todo lo que hemos visto hasta el momento, sabremos que hemos domado al 'tirano' porque el cliente se relajará y respirará sosegadamente, su postura será mucho más laxa. Llevar al cliente a este estado dependerá de los factores que a continuación desarrollaremos.

Para poder ubicar el punto en el que se encuentra nuestro cliente, debemos tener en cuenta 3 factores:

» su nivel de intensidad emocional en relación al cambio.

» la etapa emocional en la que está

» y cuál es su mentalidad.

Nivel de intensidad emocional

en relación al cambio

Está clarísimo que el estado anímico será una pieza clave que determinará la consecución de nuestro objetivo. Pero no sólo influirá el ánimo o la autoestima que tengamos en el hecho que consigamos aquello que queremos también existen otros factores que condicionarán la evolución del proceso. Antes, como coach, tendrás que tener en cuenta el nivel de intensidad emocional en el que se encuentra el cliente al llegar a ti en la primera sesión. Éste determinará el grado de dificultad al que se tendrá que enfrentar para conseguir su propósito.

Hablamos de nivel de intensidad emocional en relación al cambio cuando nos referimos a la situación actual del cliente cuando se plantea conseguir algún tipo de cambio. El hecho en sí ya es indicativo de que el cliente tienen algún tipo de carencia pues si se propone conseguir algo, lo que sea, es que ese algo le falta. Así que en resumidas cuentas, el nivel de intensidad emocional será el ansia o necesidad apremiante de efectuar un cambio. Cuanto más alto esté en la escala de intensidades más difícil le resultará ponerse en marcha y más esfuerzo tendrá que hacer para conseguir aquello que se proponga.

Extrapolando el tema a un ejemplo cotidiano, diríamos que no supondría, *a priori*, el mismo esfuerzo realizar un maratón para una persona joven que para una persona adulta. No obstante hay personas jóvenes que no podrían realizar una maratón y otras adultas que sí. ¿Sabes a qué se debe? Al rigor, el tesón, la constancia y la ganas; al entrenamiento. Y es que algo está clarísimo: todos somos capaces de todo, sólo hemos de practicar y llevar a cabo un correcto entrenamiento dirigido a conseguir nuestro objetivo.

Volviendo al tema que nos ocupaba, las fases de intensidad emocional, con el tiempo y a base de mucho observar serás capaz de calibrar sólo con mirar a una persona en qué fase se encuentra. Las personas que están en niveles bajos de necesidad de cambio son aquellas que se mueven de manera grácil, están alegres, se muestran plenas y resultas ante cualquier causalidad de la vida; estos siempre encuentran solución a los problemas que se les presentan sin esfuerzo. Por contra, cuanto más desciende el cliente en la escala de intensidad emocional, y por lo tanto su necesidad de llevar a cabo cambio aumenta, más difícil le resultará todo.

Las fases de intensidad emocional en relación al cambio son seis:

1. Aviso: El nombre de aviso viene porque el cliente (incluso antes de serlo) empieza a recibir sutiles señales que le indican que algo no funciona bien. Esta primera fase es tan sutil y difícil de detectar que requiere mucho entrenamiento y experiencia para poder poner en marcha los cambios desde esta intensidad. Por ende, es un nivel en el que, si se identifica, realizar los cambios será muy sencillo. Se trata de algo ilógico, una intuición. Y seguirla puede que haga que crean que te has vuelto loco. En esta fase en muchas ocasiones no se sigue esa intuición por miedo a parecer loco y alterar nuestra imagen pública.

Ej: Estás una mañana en tu trabajo. Te levantas de tu mesa, por casualidad miras por la ventana y ves algo que te llama la atención; un cartel, una furgoneta con algún mensaje, cualquier tipo de cosa... De pronto abandonas tu puesto de trabajo y te despides. ¿Qué pensarían los que te rodean? ¿Qué pensaría tu familia, amigos, compañeros de trabajo?

2. Lección: En esta ocasión el mensaje llega de manera más clara y racional aunque hacerle caso requiere suma lucidez. Como bien dice su nombre, no tener en cuenta la información recibida y por lo tanto no llevar a cabo cambios en conjunción a ésta hará que las consecuencias negativas sean una lección en toda regla.

Ej: Mismo contexto: El trabajo. Estás trabajando y un compañero te dice que le acaban de dar una reprimenda por parar a desayunar durante treinta minutos. Si al día siguiente tu repites el mismo patrón a ti también te llamarán la atención y después de la reprimenda (las consecuencias negativas) aprenderás la lección y no volverás a pasarte de tu tiempo. Visto de un modo diferente, alguien que está lucido pensaría que desde el momento en que recibe la información obrará diferente para no experimentar en sus propias carnes las consecuencias negativas. En este apartado cabe a la perfección el refrán que dice: «Cuando las barbas de tu vecino veas cortar, pon las tuyas a remojar».

3. Problema: Cuando se llega a esta fase todo empieza a emborronarse. Algo no funciona bien, pero no sabes qué. La persona está incómoda pero lo lleva. Carga ansiedad y angustia y la pelota cada vez se le hace más grande. Es consciente de que le falta alguna cosa pero no sabe qué y no se plantea pedirlo porque no sabe cómo. Es un momento importante pues en este nivel de intensidad la autoestima desciende y se empieza a perder energía y fuerza. La persona se plantea a menudo: «¿Por qué a mí?».

Ej: La persona está en su puesto de trabajo y al mirar a su alrededor se da cuenta de que algo no va bien, hay alguna cosa que la incómoda. Mira su mesa y en ella ve montañas de papeles y se pregunta: «¿Por qué a mí?». No sabe por dónde empezar, no sabe qué hacer y todo lo que hace le supone un esfuerzo y una sobrecarga. No obstante no pide ayuda porque cree que tiene que poder, porque aún no se atreve a llevar a cabo cambios necesarios para que esa situación mejore. En ese estado ni si quiera se le pasa por la cabeza pedir ayuda o delegar un poco de su trabajo hasta que gane de nuevo fuerza y autoestima.

4. Enfermedad: Llegados a este punto, como los cambios no se han llevado a cabo, la mente utiliza el cuerpo como megáfono y la persona empieza a sufrir pequeños achaques. El no haber puesto solución a ciertos aspectos hará que los niveles de estrés incrementen y que la intensidad emocional suba. Esto no hará otra cosa que hacer de nuevo la pelota más y más grande. Provocará problemas en diversas áreas de la vida de la persona que lo está padeciendo y el 'problema' se extenderá como una mancha haciéndose más grande.

Ej: Los días han pasado, las montañas de papeles han incrementado sobre la mesa... Y esa persona que hace algún tiempo veía que algo fallaba en su trabajo ahora se da cuenta definitivamente de que todo ha fallado. Cada vez tiene más trabajo, cada vez lo hace peor porque su concentración y capacidad productiva son nulas. Y ahora, además, no duerme por las noches pensando en lo que encontrará mañana al llegar a su trabajo. El cuerpo le duele, sufre calambres, pinzamientos. En resumen: Su salud está en juego.

5. La crisis: Cuando la persona llega a este punto 'muere' en cierto modo. Esa versión de sí mismo con poquísimas energías para cambiar todo aquello que no funciona a su alrededor desaparece por completo, explosiona. Y es entonces cuando la sociedad ve lógico el cambio; cuando la persona llega a ese punto es cuando a los demás les parece normal llevar a cabo algún tipo de cambio. Antes todo eran cosas de uno, pero ahora, en la fase crisis, es lógico que la situación no se sostenga. Es más, los que rodean a las personas en estado de crisis a veces les dicen: «No sé cómo has dejado que la situación llegue a esto». Es usual que este sea el momento en que lleguen a nosotros los clientes.

Ej: La situación en el puesto de trabajo es ya tan insostenible que lo más mínimo te perturba. Hasta que un bueno día haces *boom* y o te desmoronas y abandonas, o tu frustración se convierte en rabia y dando un golpe de puño en la mesa dices basta. Sales de ese sitio que te está matando y llevas a cabo los cambios necesarios para que estés mejor.

6. El caos: La fase final de la intensidad emocional se puede considerar dual. Es un momento de: todo o nada. Cuando la persona que está experimentándola llega a ella ya no sabe quién es, ni por qué se ha convertido en quien es ahora, ni si quiera cómo empezó todo… Lo único que sabe seguro es que ya no puede continuar así: O muere o sale adelante. La llamamos fase dual porque su superación implicará un resurgir, un retorno a la casilla de salida para volver a empezar. De un modo u otro, ya sea a través del «Win» o con el «Game Over», la partida empieza de nuevo. Lo que marcará la diferencia será que habiendo superado correctamente esta fase la persona podrá empezar una nueva partida limpia, con conocimientos extras y una experiencia adquirida que la ayudará a no caer de nuevo en sus errores del pasado. Además, si ha adquirido e interiorizado las herramientas que el Mindcoach le ha descubierto será capaz de identificar esos cambios necesarios en fases de intensidad muy primarias ahorrándole quebraderos de cabeza.

Ej: Un día yendo hacia el trabajo esa persona en estado de caos sufre un accidente. ¿El motivo? Ir pensando en lo mal que está, lo horriblemente que se encuentra y lo infeliz que se siente haciendo lo que hace. ¿Consecuencia? Hospitalización, larga convalecencia y despido. ¿Qué ha sucedido? Lo que tenía que suceder pero con una intensidad extrema; llegada súbita del momento de asumir el cambio. O dicho de otro modo, «Game Over» y vuelta a empezar.

Las etapas emocionales

Paralelamente al grado de intensidad emocional, el cliente atraviesa una serie de etapas que determinan la consecución de su objetivo. Para acompañarlo de manera correcta y que éste consiga lo que quiere tendrás que identificar en qué etapa está. Reconocerla te servirá como punto de referencia para valorar la progresión del cliente durante el proceso. Además, será la guía que te indicará si está realizando cambios en la dirección correcta o no.

El avance del cliente dentro de esta escala siempre será en horizontal mientras que cuando hablábamos de intensidad emocional en todo momento nos referíamos a un progreso descendente en vertical. De tal modo que combinando una y otra obtenemos ejes cartesianos con los que ubicar en un punto concreto al cliente, situarlo holísticamente. Situarlo dónde toca equivale a realizarle una radiografía de su ser para así poder 'diagnosticarlo' mejor.

Las etapas emocionales son seis al igual que las intensidades:

1. Rabia: Se caracteriza por ser la etapa emocional en la que arranca. El clienta siempre da sus primeros pasos hacia el cambio impulsado por ésta. Generalmente desde la intensidad «Crisis» o «Caos» se genera suficiente energía fruto de esa rabia y el cliente tras explotar se pone en marcha.

2. Alegría: Tras ponerse en marcha el cliente empieza a experimentar cambios y se da cuenta que sus esfuerzos están mereciendo la pena. Esta alegría en ocasiones pasa a ser falsa euforia y mal llevada puede dirigir al cliente de nuevo a la «Crisis» o al «Caos». Como Mindcoach debes saber advertir a tu cliente para que digiera sus primeras victorias como pequeños pasitos hacia un objetivo superior y hacerle ver que el camino es largo y que todavía quedan algunas etapas antes de lograr lo que se ha propuesto.

3. Miedo: Pasada la etapa de la «Alegría» llega directamente la del miedo o la de los miedos. En esta etapa es bastante usual que el cliente flaquee o incluso desaparezca. Es una etapa en la que él mismo se pone en duda y duda de todo lo que ha conseguido. No sabe si será capaz de continuar el proceso y la sola idea de fracasar después de haberlo intentado con todas sus fuerzas le aterra. Por ello tú debes acompañarlo en ese tránsito haciéndole ver que el miedo es normal, que no es más que un mecanismo de seguridad ideado para protegerle. Es un retén que hace que baje el ritmo y tome perspectiva para hacer esos cambios más estables y más profundos.

4. Nada: Tras el «Miedo» llega la «Nada», una de las etapas más duras. La «Nada», como bien dice su nombre, se caracteriza por ser una etapa en la que no sucede nada. El cliente ha llevado a cabo todos los cambios que tenía que llevar a cabo para lograr su objetivo y aún y así ése no se cumple. Hay algo que no deja que eso pase. La «Nada» es una etapa destinada a la reflexión, a cultivar la paciencia y a intensificar la felicidad que producirá el éxito del proceso en el momento que llegue. Calma, es lo único que puedes trasmitirle al cliente. Calma.

5. Tristeza: Cuando de nuevo las cosas se ponen en marcha y comienzan a suceder ciertas cosas fruto directo de lo duro que has trabajado durante todo el proceso llega la «Tristeza». Una tristeza metafórica, no figurada. Es el momento en el que vuelves la vista atrás y descubres que una parte de ti ha muerto por el camino. Aquella versión de ti que empezó el proceso no está; la oruga se ha transformado en una preciosa mariposa. Y aunque el cambio es bueno se te antoja nostálgico. Como Mindcoach tendrás que explicarle que estamos en constante cambio y que debe trasformar en su mente esa nostalgia triste en un broche de perseverancia. Tendrás que ayudarle a que pueda ver las cosas no como un antes y un después sino como un conjunto en progresión constante.

6. Todo: La etapa final del proceso de Mindcoaching©. El momento en que todo lo que el cliente se ha propuesto, de un modo y otro, lo ha conseguido. Ésta marca el fin de vuestra relación. Es el punto final en el que te despedirás del cliente y en que el proceso se dará por finalizado. En ocasiones, tras pasar esta etapa, el cliente cae de nuevo en la escala de intensidad y retrocede en las etapas emocionales. Por ello es aconsejable programar visitas de control de una manera mucho más espaciada que las sesiones habituales.

Las voces y la transacción

A estas alturas ya te habrás dado cuenta de lo importante que es para desempeñar nuestra labor identificar correctamente una serie de datos a través de una 'inocente' conversación con el cliente. Aunque una cosa debe quedarte muy clara: Tu misión durante los primeros minutos de la sesión será separar el grano de la paja.

Puede que te estés preguntando si serás capaz de sintonizar con él de manera inmediata o si podrás amoldarte a su registro para lograr un *rapport* efectivo que te facilite la conducción de las sesiones. Si es así no te preocupes. A continuación ahondaremos en dos tipos de herramientas que te ayudarán a encontrar el registro correcto.

Ambas son una especie de «¿Quién es quién?». ¿Recuerdas ese juego? En él tenías que realizar una serie de preguntas por tal de ir descartando personajes hasta llegar al correcto. Aquí la dinámica es similar. Mediante observación y preguntas concretas podrás averiguar con qué voz debes dirigirte al cliente.

Cuando hablamos de voz no sólo nos estamos refiriendo a aspectos técnicos como al timbre, la modulación o la entonación; lo hacemos en un aspecto mucho más amplio. Al tratarlo de manera global ésta se convierte en un compendio de aspectos técnicos, matices lingüísticos, jerga, gestualidad... un todo que definirá quién no está hablando en ese preciso instante.

Así pues, el «¿Quién es quién?» nos dará información útil para tratar con el cliente y nos ayudará a sintonizar con mayor facilidad.

Esta herramienta principalmente se basa en el sistema de psicoterapia individual que creó el psiquiatra estadounidense Eric Berne en los años cincuenta y recibe el nombre de «Análisis transaccional». En cierto modo su novedoso método revolucionó la rama de la psicología humanista por ser innovador y progresista. Aún hoy en día en países como Suiza o Austria está científicamente reconocido como un tratamiento válido para tratar trastornos psiquiátricos.

Aunque más allá de valor terapéutico a nosotros lo que nos

interesa es la potente herramienta que nos brinda. El «Análisis transaccional» nos permite averiguar quién nos está hablando. Y es que la herramienta de análisis que creó Berne, a grandes rasgos, se basa en que cada vez que nos comunicamos estamos efectuando una transacción, un intercambio. Visto desde ese punto de vista es fácil entender que si al efectuar la transacción nos colocamos a la altura del otro, ésta se realizará mucho mejor. El «Análisis transaccional» habla principalmente de tres tipos de voces: La del padre, la del adulto y la del niño. Aunque dentro de éstas hay otras sub-tipologías que matizan aún más la transacción.

En resumidas cuentas: Cada vez que hablamos (depende dónde, cuándo o con quién) asumimos una voz diferente para comunicarnos.

Así pues, resulta sencillo entender que la comunicación entre un «Padre severo» y un «Niño travieso» no será fluida, correcta y entendida por ambas partes, ¿verdad? Es obvio que entre ambos la relación está abocada al fracaso y al no entendimiento si no encuentran un punto intermedio.

Bien, pues precisamente de eso se trata. De encontrar un punto medio en nuestra comunicación. El «Análisis transaccional» busca este punto medio intentando aproximar las posturas lo máximo posible a la voz «Adulta». Ésta está considerada la razón por antonomasia; el dialogo posibilitador. Nosotros como Mindcoach debemos aprender a utilizar todos los registros; a comunicarnos desde la inocencia y el carácter lúdico del niño, desde la rebeldía y la energía del adolescente, desde la sobriedad y la resistencia al cambio del viejo y, por supuesto, desde la lógica y el raciocinio del adulto.

Luego entonces, cuando estemos ante nuestro cliente utilizaremos la herramienta bautizada como: «¿Quién es quién?» Con el único objetivo de establecer un rapport más potente y crear contexto mucho más rápido.

Utilizarla es sencillo, sólo hay algunos aspectos que debes tener en cuenta:

Lo primero de todo es saber qué estás buscando, averiguar cuáles son los personajes que hay que desenmascarar. Recuerda: Buscamos a un «Niño», un «Adolescente» y a un «Viejo». Y tu objetivo es neutralizarlos mediante una conversación para acabar obteniendo dialogo directo con el «Adulto».

Lo segundo que debes saber para utilizar correctamente esta herramienta es cómo identificar a esos personajes:

-Al cliente con el rol **«Niño»** lo identificarás por lo sobre-excitable que es, por cómo las cosas le encantan muchísimo o directamente las odia. El «Niño» no tiene término medio. Una buena manera de identificarlo es preguntándole al cliente que cosas divertidas ha hecho desde la última vez que os vistes. Si su respuesta es muy eufórica sabrás que estás ante un «Niño». Estos suelen hablar utilizando expresiones como: "¡Qué divertido!", "Fue fabuloso", "Me encanta", "Me chifla", "¡Es un rollo!", etcétera. Si quieres comunicarte correctamente con él nunca le retes de manera autoritaria, no seas brusco. Su carácter lúdico es nuestra vía de entrada. A través de ella podrás plantearle retos y camuflar los pasos hacia su cambio como una gran aventura. Utiliza el humor, simplifica cuando hables con él, evita las grandes disertaciones o ejemplos excesivamente metafóricos y plantéale el proceso como un juego en el que al final hay una recompensa.

Ejemplo de transacción incorrecta válido para todos los roles: En él prima el tono imperativo y ralla el reproche.

—Explícame qué cosas harás para cambiar la situación. Te recuerdo que tú eres el único responsable de lo que te está pasando.

—¡Eso no es verdad! Yo no tengo la culpa de que todo el mundo esté en mi contra y las cosas no me vayan bien.

Ejemplo de transacción correcta: En él prima el tono lúdico y se entrevé una situación distendida.

—Te propongo lo siguiente; es una especie de juego. Coge un papel y escribe todo aquello que podría cambiar alguien que estuviese en tu misma situación para que la cosa fuese un poquitín mejor.

-Al cliente con el rol **«Adolescente»** lo identificarás fácilmente. Con gran probabilidad éste adoptará una postura en el asiento un tanto desparramada, tirado hacia atrás. Te observará evaluándote y buscará mil y una formas de provocarte. Es altamente resistente a la autoridad y con él tendrás que andar con pies de plomo planteándole las preguntas para que no se violente y se cierre en banda. Pese a su apariencia el «Adolescente» no se resiste demasiado al cambio, el truco está en hacer que crea que las ideas son suyas. Es decir, tú como Mindcoach tendrás que gestionar la conversación de tal modo que parezca que las cosas las sugiere él y que las decisiones son únicamente suyas. Dile lo contrario a lo que quieres que haga o piense y sólo por llevarte la contraría y enarbolar su libertad escogerá lo otro. Algo que es infalible para llevarle hacía un rol «Adulto» será que siempre le des opciones, déjale escoger. Si algo valora por encima de todo es que tú le dejes llevar la voz cantante.

Ejemplo de transacción incorrecta: En él prima la orden y la actitud del Mindcoach es sumamente directiva.

—Ahora vamos a hablar sobre tus progresos respecto a la sesión anterior. Dime qué ha cambiado desde entonces y que has hecho para que eso sea así.

—No tengo gran cosa que explicar —de repente se echa hacia atrás, se hunde en el asiento y se cruza de brazos.

Ejemplo de transacción correcta: En él prima una actividad retadora por parte del Mindcoach y a través de una fingida pasividad verás cómo logra que sea el cliente quién decida hablar sobre su proceso.

—Bien, explícame lo que te apetezca; puedes decirme qué tal va todo, cómo has estado estos días, explicarme el argumento de la última película que hayas visto… No sé, lo que tú quieras. Incluso si quieres nos quedamos en silencio y dejamos que pase la hora. Total, yo cobraré igual. Así trabajo lo mínimo y descansamos los dos, ¿qué te parece?

—¡Mal! Yo vengo aquí a que me ayudes, no a estar en silencio.

—Ah, bueno… pensé que no tenías nada que decirme. ¿Alguna novedad que quieres explicarme?

-Al cliente con un rol **«Adulto»** lo reconocerás porque al hablar aportará razonamientos lógicos y argumentados. No obstante, no debes dejar que su palabrería te despiste. Ellos son peligrosos en cuanto a que creen que su criterio es el único válido y les cuesta aceptar otros puntos de vista. El «Adulto» es el rol en el que debemos tratar con el cliente la gran mayoría del tiempo durante las sesiones. No obstante, es lógico que los otros roles irrumpan en la sesión según el cariz de nuestras conversaciones. Recuerda que el «Tirano» estará ahí vigilando y usará todas esas voces para entorpecer tu labor y así lograr que el cliente no abandone la zona de confort. Si logras ubicarlo el mayor tiempo posible en «Adulto» podrás guiarle y acompañarle mientras vaya aplicando cambios en su vida. Esto lo lograrás siempre y cuando les sugieras las cosas de manera razonada y argumentada sólidamente. El «Adulto» es un hueso duro de roer que tendrás que tener bien calibrado para formular las preguntas poderosas en el momento más adecuado.

Ejemplo de transacción incorrecta: En él verás que el cliente capta flaqueza al no precisar y fundamentar el discurso.

—Cuando hablas sobre el amor me da la sensación que algo no acaba de irte bien en esa área de tu vida —Tu manera de expresarte es muy imprecisa y se ve descaradamente tu objetivo de sondear.

—Es curioso porque cuando tú dices "algo" siempre creo que das palos de ciego. Recurrir a ese sustantivo denota falta de información o inseguridad por tu parte para abordar un asunto concreto. Además, las sensaciones son demasiado subjetivas como para que te formes una opinión sobre 'algo'.

Ejemplo de transacción correcta: En él verás cómo con información concreta y fundamentada al cliente no le queda otra que hablar sobre el tema que tú quieres abordar.

—Acabas de mencionar el amor y eso me hace pensar que quieres hablar sobre ello. En todas las ocasiones que has hablado sobre ese tema me he dado cuenta que te incomoda y siempre cambias de tema rápidamente. El otro día cuando hablabas sobre el ir al cine también salió y rápidamente cambiaste a otra cosa. ¿Por qué?

—Es verdad, veo que te has dado cuenta. No puedo negarlo.

-Al cliente con un rol **«Viejo»** lo identificarás porque habla,

habla y habla. Todo lo rebate. Hablará de todo sin límite e intentará copar las sesiones con su palabrería única y exclusivamente para evitar que tú hagas que se plantee ciertos cambios. Son personas con alta resistencia al cambio, siempre responden con un: "Eso ya lo hice y no funcionó", "Una vez lo probé pero…", "Siempre he creído que son tonterías", "A estas alturas no creo que…", "Toda mi vida ha sido así y ahora no me parece que…", etcétera. Como el adolescente, son rebeldes pero con ellos no funciona el retarles diciéndoles lo contrario siempre argumentan y buscan excusas para todo. La única manera de neutralizarlos es hacerles preguntas abiertas que les lleven a reflexionar: "¿Y si ahora pudiesen volver al pasado qué harías de diferente?". Nunca podrás llevar a cabo un proceso de coaching si el rol prioritario de tu cliente es éste.

<u>Ejemplo de transacción incorrecta:</u> En él verás cómo el cliente te marea, te hace dar vueltas e interrumpe tus frases para enredarte más y más hasta que pierdas por completo el hilo de tus pensamientos.

—Dices que no te resulta posible conseguir tu objetivo…

—No, no digo eso. Lo que digo es que yo siempre he intentado lograrlo pero no he podido. Después de tanto tiempo creo que lo mejor es dejarlo estar. Toda mi vida ha sido así y así será.

—Pero…

—No, no hay peros. Es así y así es. Lo he intentado por activa y por pasiva y pese a que he puesto mucho empecho no lo he logrado nunca. Es lógico que piense que jamás lo conseguiré. Por mucho que tú me digas estoy convencido de que no podré lograrlo.

—Pero ¿por qué piensas así? Siempre se pueden cambiar las cosas sólo hay que quererlo y trabajar duro.

—Como si no lo hubiese hecho ya. Llevo toda mi vida intentando cambiar ciertas cosas y no hay manera, lo que demuestra que no es posible. Y ahora, porque tú me digas que se puede, no se podrá. Las cosas son como son y yo soy como soy. Es demasiado tarde.

<u>Ejemplo de transacción correcta:</u> En él verás que dominando la conversación con preguntas cortas y concisas que lleven al

cliente a la reflexión podrás ir conduciéndolo con mayor facilidad. Es aconsejable estructurar la pregunta de muy abierta a muy cerrada. Está comprobado que la mente inconsciente intentará rellenar ese espacio tan abierto de la pregunta mientras que el consciente construirá una respuesta para la parte concreta. De ese modo bloquearás al «Tirano» cortándole ambas vías de comunicación.

—¿Alguna vez te habías planteado que estarías en esta situación?

—Hombre, la verdad es que no —dice quedándose pensativo.

—Si pudieses cambiar un instante concreto de tu pasado, ¿qué instante sería eso?

—No lo sé, puede que fuese aquella vez en que me enfadé tanto con mi madre y le dije que no la quería.

—¿Crees que de algún modo ese hecho ha determinado tus relaciones sentimentales?

Los indicadores personales

Antes de fijar el objetivo y trabajarlo tendremos que hacer que el cliente determine una serie de indicadores personales que nos anunciarán que el objetivo se ha cumplido o no. Esos indicadores serán:

1. La preparación que el cliente necesitará y los recursos que le harán falta para poder llegar a conseguir su objetivo.

2. La dificultad a la que se enfrenta y la energía que le hará falta.

3. Sus expectativas.

4. Análisis de sus valores.

5. Nivel de autoestima.

6. Tenacidad.

Es función del plan estratégico personal definir, junto con el resto de las metas, cada uno de los indicadores personales en relación al timming, los recursos, su coste (tanto económico como personal), la actitud del cliente, sus aptitudes, etc.

El DAFO: Análisis Inicial

Una buena manera de empezar a trabajar será proponerle al cliente que realice un DAFO, así, aparte de ser una buena manera de que éste ejercite el auto-análisis y medite sobre sí mismo, también podréis definir los indicadores personales del punto número uno y del punto número dos.

El análisis DAFO es una metodología que principalmente se utiliza para realizar el estudio de una empresa o de un proyecto. No obstante, desde hace ya algunos años el DAFO se utiliza como herramienta de análisis personal para analizar las características internas y externas de uno mismo.

Así pues, le pediremos a nuestro cliente que coja un folio y lo apaíse. A continuación tendrá que dibujar un rectángulo bien grande que ocupe gran parte del éste. Una vez dibujado le pedirás que lo divida en cuatro mediante un símbolo de sumar que ocupe todo el rectángulo. Con los cuatro compartimentos ya dibujados le diremos que en la esquina superior izquierda escriba FORTALEZAS, en la esquina inferior izquierda OPORTUNIDADES, en la esquina superior derecha DEBILIDADES y, finalmente, en la esquina inferior derecha AMENAZAS.

Mediante el uso de esta sencilla pero útil herramienta lograrás que sea consciente de cuáles son las dificultades a las que se tendrá que enfrentar durante el proceso si realmente quiere lograr sus propósitos. El DAFO, además, a ti como Mindcoach te da información sobre cuáles son sus expectativas y si sus objetivos son realistas o no.

A partir de éste podréis establecer el nivel de dificultad del objetivo marcado y la cantidad de energía y constancia que necesitará para conseguirlo.

	FORTALEZAS	DEBILIDADES
ANÁLISIS INTERNO	ASPECTO POSITIVO DE UNA SITUACIÓN INTERNA ACTUAL • Capacidades distintas • Ventajas Naturales • Recursos Superiores	ASPECTO NEGATIVO-A MEJORAR DE UNA SITUACIÓN INTERNA ACTUAL • Recursos y Capacidades escasas • Resistencia al cambio • Problemas de motivación del personal
	OPORTUNIDADES	AMENAZAS
ANÁLISIS EXTERNOS	ASPECTO POSITIVO DEL ENTORNO EXTERIOR Y SU PROYECCIÓN FUTURA • Nuevas Tecnologías • Debilitamiento de competidores • Posicionamiento Estratégico	ASPECTO NEGATIVO DEL ENTORNO EXTERIOR Y SU PROYECCIÓN FUTURA • Altos Riesgos • Cambios en el entorno

La Energía, la Dificultad y las Expectativas

A continuación, y por escrito, ayudarás al cliente a que responda las siguientes preguntas (las respuestas debe fundamentarlas él y tú simplemente efectuar preguntas potentes que le ayuden a plasmar en la ficha respuestas reales):

1. Del uno al diez puntúa cuán cerca te hallas del objetivo.

2. Del uno al diez puntúa cuán asumible es el objetivo teniendo en cuenta tus recursos actuales.

3. Del uno al diez puntúa la dificultad que crees que te supondrá alcanzar el objetivo que te has marcado.

4. Del uno al diez puntúa de cuántos recursos necesarios para lograr tu objetivo dispones.

5. Del uno al diez puntúa tu nivel de ganas y compromiso en relación a someterte a este proceso de Mindcoaching.

Una vez puntuadas todas las preguntas se sumarán los resultados y se hará una media. El resultado final dará una cifra —Totalmente objetiva— que será la puntuación de punto de partida de nuestro proceso. Es aconsejable realizar este mismo test aproximadamente unas tres veces a lo largo de todo el proceso. Gracias a él, y a otros datos, podremos ver en qué punto se encuentra nuestro cliente.

Los Valores

Seguidamente se trabajan los valores ya que estos son la piedra angular del proceso. Si el cliente no honra sus valores de manera coherente dará igual lo que haga ya que todo se bloqueará.

Los valores son todo aquello por lo que merece la pena vivir o, dicho en otras palabras, aquellas cosas que son sumamente importantes para nosotros sin las cuales la vida no merece la pena.

En el mundo empresarial cuando se habla de valores se hace refiriéndose a los principios por los que se rige una corporación. Cuando hablamos de valores personales sucede lo mismo; son los principios mediante los cuales nos regimos para tomar decisiones. Estos generalmente son una mezcla de valores inculcados, en ese caso estaríamos hablando de guiones o creencias, y valores adquiridos o construidos, que serían aquellos que cimentamos nosotros mediante el bagaje y las experiencias vitales.

Al hablar de honrar nuestros valores nos referimos a cuán coherentes somos con ellos. Es decir, si para nosotros un valor importante es la familia no sería coherente tener una relación distante y despegada con nuestros parientes. Que nuestro cliente incurriese en dos o tres incoherencias en su lista de diez valores haría que todo su proceso se enlenteciese y que necesitase mayor energía para generar los cambios que desease.

Y es que algo está muy claro: La armonía, el orden y la dirección son las piezas que componen el motor del cambio.

Sólo cuando el cliente logro ordenar y armonizar su vida encontrará la dirección correcta y logrará sus objetivos. Precisamente por ello es muy importante que antes de ponerse en marcha analice sus valores por tal de ordenar la 'casa' antes de traer 'visitas'.

El proceso de MindCoaching removerá muchas cosas, eso está claro. Las moverá para reubicarla y colocarlas dónde toque. Por ello se le debe explicar al cliente que desde la fase inicial hasta la fase final el proceso desmontará toda su vida para luego volver a montarla.

El proceso será similar a una mudanza. El cliente abandonará su vivienda para una mejor y mientras ésta dure su antigua y su nueva vivienda estarán llenas de cajas. Seguramente le molestarán y querrá perderlas cuanto antes de vista, puede que incluso decida tirar alguna sin abrirla. No importa. Lo importante es que sepa que al final todo encontrará su lugar y habrá un sitio para cada cosa.

No obstante, la primera caja que habrá que abrir será la de los valores. En la primera sesión, y sin falta, invitaremos al cliente a que tras concluir el DAFO y haber rellenado el formulario anterior puntúe sus valores.

En ocasiones este punto requiere mucha meditación y el cliente no es capaz de analizar sus valores frente al Mindcoach. Si es ese el caso no importa. El cliente puede analizarlos entre la primera y la segunda sesión e iniciar ésta pidiéndole que te explique cuanto honra cada uno de los valores que haya escrito en la lista.

Recuerda que el proceso para analizar sus valores es el siguiente:

1. Efectuar una lista de diez valores.

2. Ordenar esos valores del uno al diez siendo diez el valor más importante para nuestro cliente.

3. Analizar los valores ordenados y puntuarlos del uno al diez en base a si los honra a menudo o no.

4. Una vez puntuados se le propondrá al cliente subir un punto en todos aquellos valores que hayan quedado por debajo del ocho realizando pequeñas incursiones en ellos entre sesión y sesión.

La autoestima y la tenacidad

Puede que de antes o después de haber realizado todo este proceso introspectivo inicial la autoestima del cliente esté algo baja y que su tenacidad sea mínima o nula.

Hay que entender que remover y agitar ciertos aspectos de uno mismo no es plato de gusto y que en ocasiones, según el nivel de intensidad emocional en el que llega el cliente, estos análisis tan personales conllevan consecuencias inmediatas que si no somos capaces de minimizar pueden provocar que el cliente no vuelva.

Precisamente por ello el MindCoach debe ser un profesional atento y cercano que sea capaz de tratar con el cliente de manera llana y próxima pero que a la vez sea consciente de la barrera que no debe pasar. Un MindCoach debe evitar por encima de todo caer en el colegueo, en implicarse personalmente con el cliente o en ofrecerle recursos y/o soluciones. Si el MindCoach flaquea y traspasa esa barrera imaginaría el proceso se verá afectado y no podrá realizar el acompañamiento para el que el cliente nos ha contratado.

Así pues, desde el otro lado de esa barrera, tendremos que ser capaces de calibrar la autoestima de nuestro cliente y su capacidad tenaz mediante preguntas potentes que lo desbloqueen y que le permitan avanzar.

En el caso de la autoestima la pregunta será sencilla. Y lo será porque una de las múltiples definiciones de la autoestima —La mejor para nuestro caso— dice que ésta es la distancia entre lo queremos hacer y lo que acabamos haciendo.

Focalizar el tema de la autoestima sobre las acciones que uno acaba llevando a cabo o no es un tema puramente cuantitativo. Lo es porque al ser humano, por mínimos que sean, le encantan los logros. El hecho de fijarse metas y conseguirlas desde siempre nos ha reportado satisfacción y por lo tanto un aumento sustancial de la autoestima.

Luego entonces, resulta lógico pensar que si invitamos al cliente a que elabore una lista con cosas que siempre ha querido hacer y no ha hecho ésta será un buen punto de partida para que comience a aumentar su autoestima.

Y justo aquí es cuando, en paralelo, trabajaremos su tenacidad. Lo primero que haremos es trabajar la distinción entre la tenacidad y la testarudez. Esto lo haremos explicándole una historia:

"Mucho tiempo atrás existió un hombre que se propuso recorrer a pie la distancia que separaba su pueblo del pueblo de su amada por tal de impedir que se casase con la persona equivocada. El camino era largo y arduo pero sabía que si lo recorría conseguiría eso que tanto deseaba y que sería feliz el resto de su vida. Así que cogió sus bártulos y se puso en marcha.

Camino y caminó hasta que llegó la noche. Cansado, se detuvo junto a un árbol y pensó: «¿Si paro llegaré a tiempo?». Y rápidamente su conciencia le dijo: «Si paras llegarás tarde y perderás a tu amada». Y seguido, otra voz añadió: «No obstante, si no paras enfermarás e incluso puede que mueras. De un modo u otro, la perderás. Lo mejor será que mires por tu bien y vuelvas al confort de tu hogar».

Durante algunos segundos sopesó la sugerencia de esa segunda voz pero finalmente decidió seguir el dictado de su corazón y retomó la marcha. Algunas horas más tarde, justo en medio de la más profunda oscuridad, encontró una gran piedra en medio del camino que le impedía continuar. La piedra era tan alta y tan ancha que resultaría imposible sortearla y desesperado, del interior de su bolsa, sacó un pico para tratar de romperla. Pico y pico durante horas, tanto tiempo que el alba se vino sin aviso, entonces descansó algunos minutos y rápido prosiguió.

Cuando el sol del mediodía le atizó con fuerza en la nunca se percató de la hora que debía ser y comprendió que todo el tiempo que había desperdiciado picando la roca no le había servido de nada y le había privado de buscar una solución distinta para pasar al otro lado. Abatido se dejó caer frente a ésta y grito: «¡¿Por qué seré tan testarudo?! ¿Por qué no he desandado parte del camino y he buscado otra manera de llegar? ¡¿Por qué?!»".

Esta historia lo que demuestra es que en la vida siempre es mejor tomarse un momento para reflexionar sobre la situación y sobre sus posibles soluciones en lugar de optar por la resolución más lógica o más obvia al problema que se nos presente.

Claramente, si el personaje protagonista hubiese reflexionado sobre las posibles opciones para resolver el percance hubiese acabado descubriendo que quizás hubiese sido mejor solución excavar un paso por debajo de la roca en lugar de querer traspasarla.

Y esto nos demuestra que la testarudez nunca es buena consejera y que la tenacidad siempre flexibiliza nuestras opciones presentándonos posibilidades y caminos alternativos que recorrer.

Recuerda: "El camino puede ser largo y duro pero las posibilidades siempre son infinitas, sólo has de pararte y buscarlas. La prisa es a tu proceso de cambio lo mismo que un elemento químico mal aplicado en una fórmula; un resultado desastroso".

Los objetivos y el 'ser'

El Método Mindocaching nace sobre la base del coaching ontológico dónde los seres humanos obtenemos resultados dependiendo de las acciones que tomamos, y las acciones que tomamos están íntimamente relacionadas con la manera en que nos observamos a nosotros mismos y observamos el mundo.

Bajo esta misma premisa debemos entender que el cerebro humano con toda su complejidad, no es capaz de diferenciar aquellos procesos de percepción basados en las experiencias, de los basados simplemente en el conjunto de percepciones alejadas de la experiencia, y así mismo el propio lenguaje y su uso es capaz de definir un estado y una experiencia 'realista'. Dicho de otro modo, el lenguaje no sólo describe la realidad, sino que por medio de él se genera la realidad.

Esta forma de interpretar al ser humano, a como se relaciona, actúa y del proceso que sigue hasta alcanzar los objetivos que se propone para sí mismo, para sus empresas y para la sociedad en general es uno de los postulados base del **Método Mindcoaching** y va a ser una de las bases de cómo interpretaremos a nuestro cliente en todo su conjunto.

Recordemos que cuándo un cliente llega al MindCoach ha realizado ya diversos intentos de conseguir su objetivo y ha fracasado reiteradamente en sus intentos. El motivo de este fracaso se explica en el error de definición del objetivo o en querer conseguir un objetivo demasiado grande (SUPRAOBJETIVO) y no sabe determinar las diferentes metas (objetivos medios) que lo llevaran hacia él.

Como ya hemos explicado los objetivos deben ser Comprensibles y sencillos, Motivantes para la persona y a la vez Consensuados o Ecológicos con el entorno y los que rodean al cliente (el SISTEMA que lo rodea), pero antes de continuar debemos explicar algunos conceptos que tomaremos prestados del mundo empresarial y que nos permitirán aplicar dichas técnicas a nuestra tarea.

Antes de empezar el proceso de Mindcoaching©, y en la primera sesión que haremos, ya hemos hablado y tratado con el cliente cúal es el objetivo a trabajar y nosotros como Mindcoach, debemos facilitar a nuestro cliente el definir dicho objetivo, ya que como más adelante veremos, él mismo muchas veces es 'ciego' ante el objetivo que persigue y es el propio 'tirano' el que hablará.

Pero cuando hablamos de objetivo, ¿cómo se debe definir adecuadamente para que nuestro cliente pueda llegar a cumplirlo?

Quienes se muevan en entornos más empresariales conocerán que los objetivos deben cumplir con la filosofía SMART (Smart: [EN] Listo – astuto) acrónimo que define aquellos parámetros que deben cumplir todos los objetivos,

S	M	A	R	T
Specific	Mesurable	Achievable	Realistic	Time-Base

o lo que vendríamos a definir:

S) eSpecíficos

M) Medibles

A) Alcanzables

R) Realistas

T) acotados en el Tiempo

Pero, aunque nos movamos dentro del mundo empresarial hemos de recordar que estamos trabajando para nuestro cliente, un ser humano y con sus particularidades.

Así pues en Mindccoaching, cuando nuestro cliente nos habla de su objetivo, este deberá estar definido bajo la filosofía **SMART+PPE** es decir, **SMART** (eSpecífico, Medible, Alcanzable, Realistas, acotado en el Tiempo) y para que sea realmente alcanzable y así lo entienda a lo largo de todo el proceso, **Personal** (definido con YO QUIERO), en **Positivo** (para convertirlo en real y afianzar la premisa de la personalidad) y de forma **Ecológica** con el ambiente. En coaching tradicional se habla de la metodología POPEERT.

Pero, ¿cómo sabremos en realidad que el verdadero objetivo de nuestro cliente es el que nos ha propuesto? ¿Cómo sabremos que no es el 'tirano' en voz de nuestro cliente el que habla?

Para poder tener claro el valor eficaz del objetivo de nuestro cliente, en primer lugar debemos tener muy claro que como MindCoach, nuestra función es acompañar al cliente en su recorrido, por muy extraño que nos parezca el 'punto final' del mismo.

Como MindCoach deberemos estar muy atentos, no juzgar, no predisponernos a sobreentender, sino a ser comprensivos y estar atentos a las explicaciones que nos proporcione el cliente (no a las justificaciones interminables que nos proporcionará el 'tirano') y para ello nos serviremos del proceso mental lógico que hay detrás de todas las acciones.

Como seres humanos actuamos, hacemos cosas, pero en realidad todo lo hacemos buscando alguna finalidad. Nuestros actos siempre tienen intencionalidad. E ahí que la verdadera clave para determinar la validez del objetivo radique en hallar la finalidad al objetivo, la cuál en todos los casos la determinará el SER.

El verdadero proceso mental que muchas veces pasa inadvertido por la acción es precisamente el de la motivación hacia la acción.

Debemos tener siempre muy claro que el proceso que nos lleva a la acción (bien en el mundo personal, en el mundo de las relaciones, o incluso el mundo empresarial) es aquél basado en la motivación y debemos procesar la acción siempre desde este punto, respondiendo en primer lugar al: ¿Para qué lo quiero? Para a continuación establecer las estrategias de cómo lo voy a realizar y verificar que mis acciones son correctas y me conducirán hacia el objetivo.

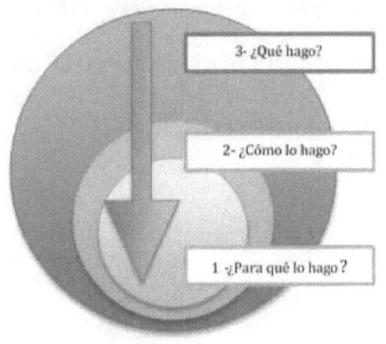

Proceso incorrecto

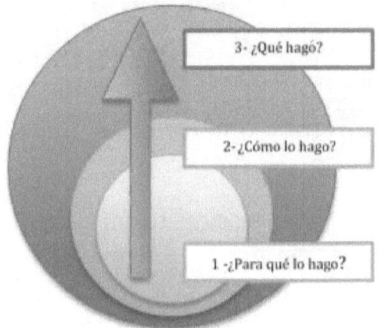

Proceso correcto

Así pues, ante la presentación por parte de nuestro cliente del objetivo de su viaje, le preguntaremos ¿PARA QUÉ …? (no utilizaremos el por qué en este momento, ya que este es limitativo y justificante), parafraseando las respuestas de nuestro cliente con el objeto de dar validez a la intencionalidad, y sobretodo estando atentos al lenguaje que utiliza en sus frases ya que el 'tirano', con intención de justificar dará motivos a veces muy dispares a una repetida pregunta sobre la finalidad del objetivo.

Ahí se inicia el primer quiebre que como MindCoach deberemos salvar y estar atentos ya que es dónde radica la verdadera funcionalidad del proceso y es el punto inicial para que nuestro cliente llegue a su tan ansiado objetivo.

Aquí como MindCoach harás uso de todo lo que a continuación de este libro aprenderás. Utilizarás su mismo lenguaje, hablarás con tu interlocutor (el SER) en su misma edad y con sus mismos procesos mentales o estrategias, harás uso de el rapport y utilizarás el poder generativo de la ontología del lenguaje para facilitar y acompañar a tu cliente en el primer viaje.

A continuación te expongo un ejemplo de conversación con un cliente que puedes tener tú, justo en ese lugar que te he pedido que guardes en tu mente:

—¿Y cual es el objetivo que quieres trabajar en este proceso? – dice el Mindcoach

—Pues mira, en realidad lo que a mi me gustaría es dejar de

fumar –responde el cliente

–A… está bien, dejar de fumar dices… ¿y crees qué podrías decirme exactamente lo que deseas obtener de este proceso sin utilizar la palabra 'dejar'?

–Sí, claro quiero no fumar –nos responde otra vez el cliente

–Sí, sí… tengo claro que no quieres, pero me gustaría que me dijeras qué es aquello que realmente quieres. Y sobretodo para qué lo quieres. ¿Te ves capaz de hacerlo?. Tranquilo, tenemos todo el tiempo que necesites –responde el MindCoach amablemente, y ajustando el rapport para hacer sentir al cliente escuchado.

Aquí vemos una típica conversación con nuestro cliente, donde a éste le es verdaderamente difícil decir qué es lo que quiere, ya que el 'tirano' le está llevando hacía el 'no quiere'. Como MindCoach, ya lo sabes y llegado a este punto debes mantener por unos instantes (y porqué no algún minuto) el silencio, manteniéndote a la espera de sus propias palabras.

Es en este momento cuando tu destreza como MindCoach se verá probada, debiendo ayudar a tu cliente y facilitarle a que encuentre con sus propias palabras cuál es la motivación real que lo lleva a 'dejar de fumar' para que pueda liberarse el SER que realmente lo busca y que tiene la necesidad de encontrar su camino hacia el objetivo.

Para este proceso, como MindCoach entrenado sabes que existen a tu disposición un sinfín de herramientas que le facilitan a tu cliente el conocer que es aquello que realmente los provoca y los llama (el verdadero objetivo) y será tu destreza y sobre todo tu intuición (esa que estarás permanente trabajando como veremos más adelante) la que determinará qué herramienta utilizarás con tu cliente.

De acuerdo a la teoría de Maslow en la que se nos explicaba las diferentes necesidades biológicas que tenemos como seres humanos, nuestra mente tiene unos determinados patrones o creencias basadas en una serie de necesidades a cubrir, que éstas protegen y suplen.

De acuerdo a dicho orden al que llamamos Niveles Lógicos o Neurológicos podremos definir el ámbito dónde el objetivo se encuadra del ser asociado al objetivo.

Los diversos niveles responden a las tan conocidas preguntas: ¿Para qué?, ¿quién?, ¿por qué?, ¿cómo?, ¿qué? ¿dónde?, ¿cuándo? y ¿con quién?

Cuando hayas ya facilitado a tu cliente salvar este primer escollo y él haya sido capaz de definir con claridad que es aquello que desea (¿para qué?) mediante el uso de técnicas avanzadas de Mindcoaching©, sólo nos quedará definir claramente la finalidad y el SER que lo está reclamando, verdadero interlocutor en la sesión y que debemos identificar claramente.

Volviendo a tu sesión con el cliente:

–Y bien, ahora que sabes que deseas tener mejor salud y ya hemos hablado qué es lo significa para ti 'tener mejor salud' -le responde el MindCoach-. ¿Para qué quieres tener esa mejor salud?

–Pues quiero tener mejor salud para sentirme bien conmigo mismo - Responde el cliente.

–Y, ¿para qué quieres sentirte bien contigo mismo? –Le vuelve a preguntar al cliente.

–Pues para sentirme mejor, más alegre, con más ganas de hacer cosas…

–Y, ¿para qué quieres sentirte mejor, más alegre y con más ganas de hacer cosas? –Le vuelve a preguntar el MindCoach.

–Pues para sentir que puedo estar otra vez jugando con mi hijo sin cansarme, para hacer todo lo que he dejado de hacer estos últimos años por cansancio, el partido con los amigos… ¡para sentirme vivo de nuevo!

Tal como vemos, cuándo el cliente tiene claro su objetivo es claramente capaz de especificar la motivación real que se esconde detrás de su meta. Esta motivación, clave para que el cliente no se pierda en realidad viene expresada por la parte del ser que reclama dicho objetivo.

Los seres humanos tenemos en nuestro interior diferentes partes o seres que se corresponden a los anteriores niveles y que nos identifican en cada uno de los ámbitos de nuestra existencia. Así pues disponemos de un ser **Biológico** y **Físico**, un ser en conjunto e **Individual**, un ser que se comporta de forma **Social**, que tiene conocimiento y necesidades más elevadas de tipo **Espiritual** o incluso que engloba la totalidad de la existencia humana a nivel de la **Consciencia**.

Los diversos seres o partes de la persona los determinaremos por unas palabras clave que nos indicarán quién desea el objetivo. No debemos olvidar que el lenguaje nos define realidad y en este caso da voz a las diferentes partes del ser. Sabremos entonces que el objetivo de nuestro cliente está bien definido cuando reiteradamente utilice las claves que definen su existencia.

Asociamos las necesidades Biológicas o Física a palabras como "SER" en el plano físico (ser más delgado, ser más joven, etc). Evidentemente aquellos objetivos asociados al ser biológico serán casi siempre inalcanzables ya que dependen de condicionantes personales mientras que aquellos asociados al ser físico, tendremos una clara receta (ej. Hacer dieta) para llegar a él. Estos acostumbran a ser realmente fáciles de conseguir por el cliente, siempre que estén bien definidos y controlados, y normalmente asociados a hábitos de vida.

El ser Social viene normalmente determinado con "LLEGAR A" ya que vienen marcados por el ámbito en el que el cliente se mueve y a modo de comparación con él y con una finalidad y motivo muy determinado.

Así pues podremos tener objetivos del estilo 'llegar a Director de ...' 'llegar a tener una casa ...' dónde claramente deberemos abordar aspectos que llevarán a nuestro cliente a gestionar con paciencia y disciplina la consecución del objetivo, ya que detrás de este tipo de objetivos se esconden infinidad de metas intermedias (formación, desahogo económico, etc) que necesitan de un período de tiempo en general largo.

Su consecución se facilita mediante el Plan Estratégico Personal o el CANVAS Mindcoaching que periódicamente el cliente irá actualizando.

El ser Individual, refiere a la propia identidad y personalidad del cliente y se determinan mediante el "PARA HACER" o "TENER" y para alcanzar este tipo de objetivos de la personalidad, habrá que buscar las claves en el sistema de valores de nuestro cliente. Gestionando e identificando dichos valores y su relación obtendremos indicios que permitirán al cliente gestionar su propio Plan Estratégico.

Por último, nos encontramos con un plano de existencia que sobrepasa al propio ser humano y que tiene relación con el motivo de la existencia y el por qué de la misma, la identidad personal (ser Espiritual) o la identidad y existencia de la propia sociedad (Consciencia Global).

Los objetivos que tienen relación con dicho plano vendrán identificados mediante el "SENTIR" y el "SER" en el plano más espiritual (ser mejor padre) e incluso con "HACER" pero siempre en los planos de existencia superior ya que estamos hablando de anhelos (Anhelo: Deseo vehemente, ardiente y lleno de pasión).

En ambos casos acompañaremos al cliente mientras da el primer paso y le proporcionaremos las herramientas adecuadas para gestionar sus miedos, inquietudes y dotándole de los recursos que necesite.

En estos casos, el propio proceso del cliente es un proceso de auto descubrimiento y aprendizaje, no sólo para él si no también para nosotros como MindCoach. Debemos estar atentos a nuestros propios deseos ya que estos clientes nos acostumbran a llegar en momentos clave de nuestra propia existencia, retándonos a avanzar en nuevos planos.

¿Y qué pasa cuando el cliente habrá definido el objetivo?

Llegado a este momento tu cliente ya habrá tenido un primer quiebre en sus creencias y se habrá encontrado con sorprendentes conclusiones pero altamente satisfecho, ya que por fin tendrá la motivación que le ha faltado hasta ahora para saber como llegar al objetivo. Se encontrará liberado.

En este caso, si así lo crees conveniente como MindCoach, y siempre con un total rapport, puedes llegar a preguntar los motivos por los cuales no ha logrado sus objetivos hasta el momento. En este caso la información puede, desde la sinceridad, proporcionarte los múltiples motivos de auto sabotaje que ha llevado a cabo tu cliente para no conseguir su objetivo real.

Esta información te será muy útil a lo largo del proceso para conocer y comprender los bloqueos que vayan surgiendo.

Como continuación y cierre del objetivo explicarás a tu cliente cómo debe realizar su propio Plan Estratégico Personal, dejando en tus manos el realizarlo junto a ti en una próxima sesión o bien trabajando y revisando el que él mismo proponga.

El Plan Estratégico Personal lo definiremos con base al llamado 'Ciclo de Deming' o 'Ciclo PDCA' [William Edwards Deming 1900-1993] o mediante el "CANVAS Mindcoaching" basado en el modelo "Generación de modelos de negocio" escrito por Alex Osterwalder e Yves Pigneur.

Se recomienda la utilización de otras técnicas adaptadas como MindCoach a cada situación y estado del cliente.

Entre estas herramientas recomendamos, a parte de las ya indicadas, que se le facilite al cliente el "Mindcoaching Empathy Map©" o las herramientas "Matriz 9V", ésta más adaptada al entorno empresarial, dónde el MindCoaching presenta claras ventajas frente al coaching tradicional.

Decidas lo que decidas siempre realizarás una revisión del plan, normalmente al inicio de la sesión, para comprobar si han variado algunas condiciones o si han aparecido dificultades que podáis trabajar en la sesión.

Tercer Bloque

Los Hábitos

Llegados a esta parte del proceso ayudaremos a nuestro cliente a que descubra cómo desbloquear esos aspectos de su vida que hasta la fecha le han frenado y no le han permitido alcanzar sus objetivos.

Ésta y la siguiente son las fases centrales de nuestro método. Sin lugar a dudas son las etapas dónde mayor número de cambios se generan, convirtiéndose en un antes y un después en la vida del cliente. Precisamente por ello las trabajaremos con especial rigurosidad a la hora de aplicar nuestro método.

Y es que por lo general la vida de los clientes, al igual que la tuya o la mía, está llena de bloqueos que nos imponemos de manera inconsciente. En cierto modo uno de nuestros principales problemas es que nos gusta la reiteración, las costumbres, el piloto automático, el no pensar en exceso para así protegernos, etc.

Si te lo paras a pensar y analizas verás que tu vida está llena de automatismos; un buen momento para el análisis es el momento inmediatamente posterior a haberse despertado, que es el momento en piloto automático por antonomasia, en él hay quien: Golpea cada día el despertado, se levanta y corre las cortinas de su estancia, se pone la bata, se viste, va hasta el cuarto de baño, planea con qué pie se levanta… Montones y montones de momentos que reproducimos en piloto automático sin darnos cuenta si quiera bajo las ordenes de nuestra mente inconsciente.

Otro ejemplo que explica a la perfección cuán automáticos somos es la conducción. Cuando se conduce nuestra mente adopta un estado que se denomina «Estado de Alerta Inconsciente». Este estado no tiene más objetivo que focalizar la mente con todos los conocimientos previamente adquiridos en que pongamos en marcha la matriz de órdenes que hará que conduzcamos el vehículo: *Girar la llave, apretar a fondo el embrague, poner la primera marcha, apretar el acelerador, juego de pedales y acelerar.* Ésta es una de las múltiples secuencias que nuestro cerebro reproduce en piloto automático cada vez que nos ponemos frente al volante de un vehículo y queremos arrancarlo.

Así pues podemos concluir que los hábitos son todo aquel comportamiento más o menos racionalizado que se basa en un aprendizaje o experiencia previa y que se repite con estabilidad en el tiempo. Aristóteles los definió como aquello en virtud a lo que nos comportamos bien o mal respecto a las pasiones. Es decir, aquello que mediante su accionado provoca en nosotros un estímulo.

Hábitos hay de muchos tipos; aunque es cierto que con el paso del tiempo los autores y científicos que han investigado este asunto han concluido que existen ocho categorías que los compendian todos:

1. Hábitos físicos.

2. Hábitos afectivos.

3. Hábitos morales.

4. Hábitos sociales.

5. Hábitos intelectuales.

6. Hábitos mentales.

7. Hábitos de higiene.

8. Hábitos emocionales.

Identificar nuestros hábitos o los de nuestros clientes es sumamente importante ya que a través de ese análisis éste descubrirá cuáles son las áreas de su vida que están bloqueadas.

Cuando hablamos de bloqueo estamos hablando de un mal hábito que nos impide lograr alguna cosa. Algunos ejemplos sobre bloqueos serían: Fumar y pretender hacer un triatlón, querer escribir un libro pero dedicar el tiempo libre a ver la televisión, buscar un ascenso laboral y tener una actitud esquiva y desapegada en el desempeño diario de nuestra labor...

Aunque lo curioso del caso es que generalmente no somos conscientes de los bloqueos. Habitualmente los clientes al venir a nosotros desconocen que sus vidas están llenas de 'trampas'. Complicadas y elaboradísimas 'trampas' que ellos mismos han armado para permanecer metidos en esa zona de confort que tanto se han molestado a lo largo de los años en 'amueblar'.

Y es que la zona de confort es el equivalente a un hogar. Es ese lugar en el que nos sentimos protegidos y seguros y que jamás por nada del mundo querríamos abandonar; una extraña mezcla entre cárcel y fortaleza. En ocasiones sucede, y seguro que es así si te paras un segundo a pensarlo, que la comodidad y la previsibilidad han sido elementos de nuestras vidas que hemos atesorado y a los cuales con uñas y dientes nos hemos querido agarrar. Seguramente si echas la vista atrás podrás rescatar de tu memoria más de un recuerdo que podrás rápidamente relacionar con esa socorrida frase que dice: «Hogar, dulce hogar». Probablemente no te cueste mucho encontrarlos ya que todos, unos más que otros, los tenemos a raudales.

Luego entonces, visto así, resulta obvio pensar que si los bloqueos o malos hábitos son 'trampas' que nosotros mismos hemos puesto será harto fácil desarmarlas una vez detectadas, ¿no?

¡Pues no!

Detectarlas es el paso número uno, eso está claro. Lo siguiente es averiguar cómo se 'desactivan'.

Llegados a este punto el MindCoach aplicará las técnicas específicas a cada uno de esos bloqueos adquiridas en los cursos y seminarios formativos oficiales impartidos por MindCoaches acreditados.

Se podría decir que en esta parte del proceso el Mindcoach se convierte en un artificiero y su cometido pasa por ayudar al cliente a localizar las minas y procurarle las herramientas para que éste una a una las desactive.

Como comprenderás esta fase es de las más complicadas porque se basa en practicar y desarrollar una pericia que te ayude a acompañar al cliente en su proceso de cambio. Además requiere rigurosidad, método, constancia y rigidez ya que en muchas ocasiones el 'tirano' que habita en el cliente querrá hacer 'explotar' alguna de esas minas para asustarle y que no se mueva de dónde está.

En cierto modo, como cada proceso o cliente es diferente, renaceremos una y otra vez con cada caso que se nos presenta y nuestro desarrollo profesional es constante y siempre discurre en paralelo al proceso de nuestros clientes.

Cambiar un hábito no es sencillo, pero se puede. Concretamente se tarda veintiún días. Pasado ese tiempo la conducta que se ha reiterado para eliminar ese mal hábito se normaliza y se desempeña de manera natural. Por ello nosotros como MindCoach ayudaremos al cliente a que siga los pasos que le llevarán a deshacerse de esas costumbre que le hacen inefectivo.

A continuación permíteme que apele a ti cómo persona y no cómo MindCoach. Te ruego que me permitas esta pequeña licencia pues considero que lo que a continuación te explicaré es común a ti y al cliente.

Primero, hay que reconocer que ese mal hábito existe; si no se es consciente de algo no se puede trabajarlo.

Segundo, hay que planificar cómo se romperá esa mala costumbre; suele ser buena idea visualizarse habiendo superado el mal hábito y proponerse pequeñas metas que poco a poco ir consiguiendo.

Tercero, hay que prestar especial atención a lo rutinario; lo rutinario nos lleva a reproducir los patrones prefijados en nuestra mente y eso hace que se desencadenen los malos hábitos. Cambia constantemente tu rutina y no caerá en malas costumbres.

Cuarto, comparte tu voluntad de cambio con los que te rodean; si la gente que está a tu alrededor sabe que te has propuesto cambiar te ayudarán y esa compañía y colaboración te motivará a que lo consigas. Pero recuerda que los hábitos son contagiosos, busca compañías positivas que estén alineadas con eso que te has propuesto.

Quinto y último, recaer es normal; repítetelo una y otra vez: "Recaer es normal; recaer es normal; recaer es normal… El hecho de que te lo repitas una y otra vez hará que si alguna vez recaes en ese mal hábito tu cerebro sabrá que no tiene importancia y el bache no será nada.

Antes de proseguir y hablar de cada uno de esos hábitos de bloqueo te propongo un ejercicio muy simple que puedes compartir con tu cliente antes de entrar de lleno a trabajar esos bloqueos:

1. Escoger un objetivo.

2. Identificar qué herramientas tenemos para lograrlo.

3. Reconocer los factores que amenazan nuestro plan de acción.

4. Hacer una lista con las actividades diarias que realizamos.

5. Dividir la lista en: Cosas que me alejan o me acercan al objetivo.

6. Focalizar la atención en las cosas que me alejan del objetivo.

7. Escoger el 50% de los ítems negativos y crear una lista separada.

8. Analizar ítem por ítem la lista y determinar qué necesidad cubre cada ítem en mi vida y para qué lo necesito.

Ejemplo: **Ver la tele** – *Ver la tele me entretiene y me ayuda a desconectar. Gracias a ello estoy más relajado.*

9. Buscar alternativas no limitantes a cada uno de los ítems seleccionados.

Ejemplo: **Ver la tele** – *Puedo ver la tele pero a la vez también puedo hacer faena mecánica que no requiera toda mi atención. Así mientras veo la tele también adelanto trabajo. Hacer deporte también me relaja así que podría ir al gimnasio, llegar a casa, trabajar un rato y ver un poco la tele antes de irme a dormir.*

A continuación, antes de seguir nuestro camino, te mostraré un esquema con nuestras próximas. Échale un vistazo y trata de ubicarte.

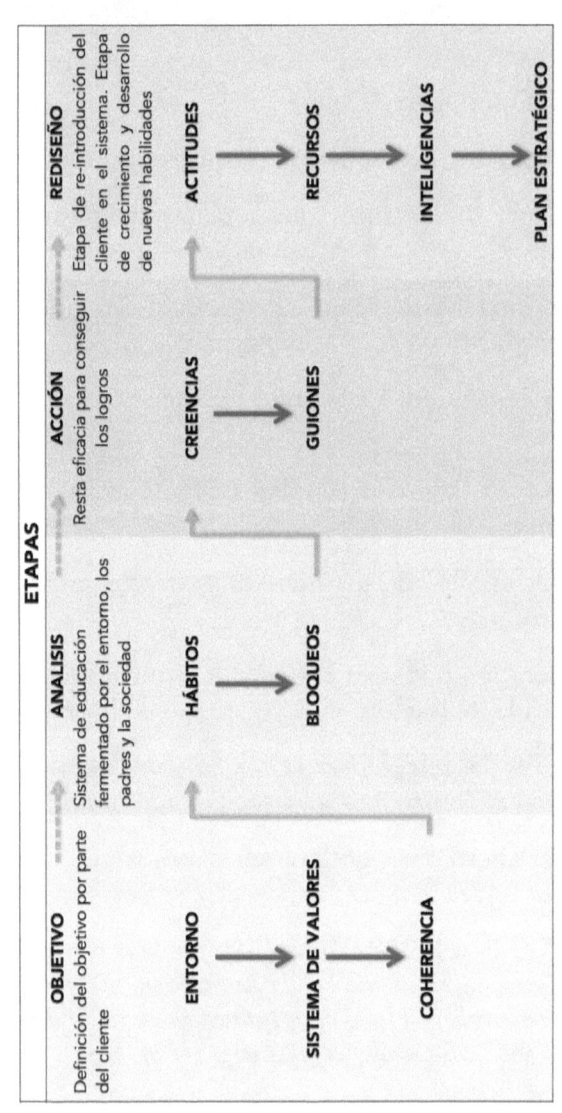

ETAPAS

OBJETIVO	ANALISIS	ACCIÓN	REDISEÑO
Definición del objetivo por parte del cliente	Sistema de educación fermentado por el entorno, los padres y la sociedad	Resta eficacia para conseguir los logros	Etapa de re-introducción del cliente en el sistema. Etapa de crecimiento y desarrollo de nuevas habilidades

ENTORNO

SISTEMA DE VALORES

COHERENCIA

HÁBITOS

BLOQUEOS

CREENCIAS

GUIONES

ACTITUDES

RECURSOS

INTELIGENCIAS

PLAN ESTRATÉGICO

Los Bloqueos

Bloqueo N°1 - El perfeccionismo

El primero de los siete bloqueos que nuestro cliente puede presentar es "El perfeccionismo".

Éste mal hábito siempre hace que el cliente se comporte de una manera extremadamente exigente. Generalmente quien lo padece son personas para las cuales siempre está todo mal y nunca nada es suficiente. Son sujetos profundamente tensos con todo lo que hacen o dicen, les cuesta concebir el error y sólo se sienten levemente relajados cuando a base de esfuerzos titánicos logran alejarse del fracaso a costa de exagerados sacrificios personales.

Uno de los principales problemas de este bloqueo es que dada su naturaleza de carácter crítico impide que estos aprendan de sus errores y mejoren en todo aquello en lo que fracasan.

Los clientes bloqueados por este motivo no se mueven ni hacen nada por no cometer esos errores que tan imperdonables les parecen. Prefieren morir quietos que moverse y caer a los tres pasos. Son personas que se exigen tanto que sin darse cuenta se acaban quedando solas por focalizar su exigencia en lo negativo que en los aspectos positivos que ésta pueda tener.

A menudo el perfeccionista confunde el "ser" con el "hacer", de ahí que les dé tanto miedo fracasar, si lo hacen no fracasan haciendo algo sino siéndolo. El perfeccionista a menudo diría: «Pues claro que sé hacerlo, yo soy arquitecto», cuando la sana expresión de lo mismo sería: «Creo que sabré haberlo, tengo nociones de arquitectura».

El bloqueo del perfeccionismo reside única y exclusivamente en ese pequeño matiz. En esa sutil línea que separa al "ser" del "hacer".

Y es que hacer podemos hacer muchas cosas; algunas bien, otras mal, regular... pero ser, sólo somos uno. Uno cambiante, pero a fin de cuentas un único ser que siente y padece.

Así pues, el bloqueo se da cuando el cliente durante años y años se explica a sí mismo la mentira de que si no logra conseguir "X" quedará como un fracasado de cara a los demás. Y justamente ahí es donde el Mindcoach debe focalizarse para utilizar la herramienta adecuada, sobre esa mentira que el cliente se ha explicado a lo largo de su vida, he ahí el origen de su bloqueo.

Aunque este bloqueo no se debe meramente a motivos psicológicos, tras él hay una explicación física que conociéndola nos ayudará a entrenar a nuestro cerebro a que codifique el error de una manera que no nos paralice.

El kit de la cuestión reside en que toda la información que entra a nosotros lo hace a través de los sentidos y de ahí pasa a la amígdala que es la que se encarga de detectar cualquier señal de peligro.

Mientras realizamos cualquier actividad está monitoreando todo lo que sucede a nuestro alrededor, incluso cuando dormimos, está atenta y ante cualquier amenaza activa sus conexiones y hace que nos pongamos en guardia.

En el cerebro del perfeccionista esto se da en cada ocasión que tiene o cree que tiene que demostrar su valía, ese es concretamente el momento en que su cerebro identifica el reto como una amenaza, en lugar de reconocerlo como una oportunidad de superación se focaliza en lo negativo y lo valora como una ocasión en la que no lograr lo que se le propone y "morir" en e intento.

La amígdala y las estructuras cerebrales que detectan peligro, no identifican detalles, sino que están atentas a cualquier percepción burda que pueda representar una amenaza como puede ser una sombra, un movimiento extraño, un ruido, etc. Ante la primera percepción de un posible peligro, se desata una reacción de alerta en el organismo y sólo es hasta después que nos percatamos de lo que sucede y de si realmente existe un peligro o no.

En resumen, no sólo es que las mentiras que nuestro cliente se explica a sí mismo le estén envenenando y cuartando sus posibilidades de conseguir todo aquello que quiero sino que a través de esos malos hábitos que desencadenan ese miedo infundado su biología actúa como lo haría un antivirus para protegerle; justamente igual que lo haría el «tirano», alejándolo de aquello que puede asustarle por tal de protegerle, pero a la vez robándole las oportunidades de lograr los cambios que anhela.

Bloqueo N°2 – La duda

El bloqueo conocido como "La duda" se fundamenta básicamente en lo mismo que el anterior, en el miedo al fracaso. No obstante, si en el caso anterior ese miedo iba directamente relacionado con fracasar y poner en entredicho la valía personal de uno en este bloqueo el matiz es distinto.

Dudar todos dudamos, eso es evidente. Lo que sucede es que el cliente que está bloqueado en la duda, duda absolutamente por todo. Es algo casi patológico. Trata de vivir eludiendo la responsabilidad de decidir. Y no es que lo haga por comodidad sino que su conducta se basa en el miedo a no escoger con éxito.

Este bloqueo suelen padecerlo aquellos que proceden de entornos o familias en las que el éxito es algo cotidiano. Familias en las que hay hijos que despuntan claramente respecto al resto de hijos, padres exitosos que dan por hecho que sus hijos estarán igual de dotados que ellos para conseguir todo eso que ellos ya tienen, grupos en los que todos sus miembros destacan notablemente en algo, etcétera.

Y de nuevo como en el bloqueo anterior el código para desbloquear reside en que el cliente entienda que escoger erróneamente no es no haber escogido con éxito sino poder obtener información para la próximamente lograr decidir con éxito sobre todas las variables que se presenten. La "solución" residiría básicamente en que interiorice que la prueba error no es una muestra de lo fracasado que es uno sino un constante entrenamiento y mejora para el acierto futuro.

Existen muchos tipos de herramientas para acabar con este bloqueo como por ejemplo "El triangulado". Triangular una decisión ayudará al cliente a decidir de una manera mucho más acertada y le enseñará la mecánica de la prueba/error permitiéndole anexarlas de manera natural a su cotidianidad.

La mecánica de este ejercicio es la siguiente:

1- Compra una pequeña libreta y un lápiz y llévalos siempre contigo.

2- Apunta en la primera página tu objetivo.

3- Cada vez que tengas que tomar una decisión saca la libreta y haz una lista de pros y contra en relación a tu objetivo.

Ejemplo: Si tu objetivo es perder peso y la decisión es: ¿Como patatas fritas para comer? La columna uno dirá qué tiene de bueno en relación a perder peso comer patatas fritas para comer y la otra columna dirá justamente lo contrario. Gracias a triangular la información llegarás a una conclusión acertada que te ayudará a decidirte entre una cosa u otra.

Esta se tendrá que utilizar durante veintiún días enteros y con todas las decisiones que se tengan que tomar, da igual del tipo que sean, todas. Sólo así el cliente logrará crear el buen hábito de reflexionar, analizar la información y poder tomar una decisión sin miedo a fracasar al hacerlo. Además, practicándola, entrenará otras aptitudes personales que le serán de gran provecho para la consecución de sus objetivos.

En resumen, el Mindcoach debe ayudarle a que relativice la parte negativa de sus decisiones y que valore lo positivo de éstas para que finalmente entienda que haga lo que haga acabará teniendo éxito porque dispondrá de toda la información necesaria para no equivocarse cuando decida.

La duda y el perfeccionismo son los bloqueos más corrosivos ya que focalizan la atención del cliente en el aspecto negativo y no le dejan ver más allá capando la posibilidad de hallar soluciones alternativas altamente positivas al problema que se le plantee.

Bloqueo Nº3 – La vergüenza

El bloqueo que quizás se da más en los clientes que se nos presentan es "La vergüenza".

En mayor, menor medida, todos en algún momento de la vida lo padecemos. No obstante, casi siempre lo logramos superar. Pero hay personas que no, hay gente que no logra vencerlo porque jamás se ha parado a reflexionar sobre cuál es el origen real de ese sentimiento tan intenso de vergüenza que los paraliza y que les impide hacer según qué.

"La vergüenza" es un tipo de bloqueo que se basa en el exceso de ego, incluso en excesiva soberbia pasiva. Su origen erradica en que quien es excesivamente vergonzoso se da una importancia que realmente no tiene. De ahí que se diga que la vergüenza en realidad es ego mal llevado.

"La vergüenza" se puede dar por dos motivos: Por inseguridad o por exceso de seguridad.

Cuando se da por inseguridad el que padece este bloqueo no hace nada porque cree que hará el ridículo, porque piensa que no sabe lo suficiente como para estar a la altura de las circunstancias. Como hemos dicho anteriormente, se da una importancia que realmente no tiene.

La otra variante es vergüenza por exceso de seguridad en la que quien la padece sabe tanto que tiene constantemente miedo de equivocarse al poner en práctica sus conocimientos y acaba decidiendo no participar por miedo a quedar en ridículo.

Como veis, ambos dos son bloqueos que se originan al darse una importancia excesiva, al mover el foco de la atención sobre uno mismo más que sobre la situación que te envuelve.

Una de las múltiples herramientas que se pueden utilizar para desbloquear al cliente trabado en este bloqueo es la de "Relativizar el foco". Esta herramienta consiste en hacer que el propio cliente relativice la situación que le produce vergüenza y que codifique la experiencia sobre la misma de una manera diferente.

Por ejemplo, imaginemos que nuestro cliente tiene que hablar ante un auditorio lleno de personas, unas cien o doscientas, y dice que la situación le da muchísima vergüenza. La clave para eliminar esa vergüenza reside en relativizar el hecho de hablar en público frente a un auditorio tan repleto de personas. A continuación os expondré el dialogo más o menos como sería con el cliente:

—¿Qué es exactamente lo que te da vergüenza de hablar frente a un auditorio repleto de gente? —pregunta el Mindcoach.

—Me da miedo equivocarme y hacer el ridículo —responde el cliente.

—¿No me has dicho que te han invitado como experto en la materia?

—Sí.

—Entonces quiere decir que tú serás el que más sepa sobre el tema, eso debería hacerte sentir seguro.

—Sí, pero… ¿y si me equivoco?

—¿Crees que los asistentes jamás se han equivocado? —aquí el Mindcoach dirige el foco del error hacia el público para que el cliente recuerde que todos nos equivocamos—. Además, ¿crees que todos estarán escuchándote?

—Hombre, pues sí.

—Pues te equivocas. Hay un gran porcentaje de personas que te mirarán pero no te estarán escuchando porque estarán pensando en sus cosas. Otro porcentaje escuchará lo que dices y lo comparará con lo que ya sabe. Y finalmente, un porcentaje muy bajo estará atento a tus palabras. ¿No crees que ante un público tan mínimo te dará vergüenza hablar?

—Visto así, no tanta.

En resumen, si consigues que tu cliente acabe instalándose como propia la siguiente creencia sabrás que has acabado con este bloqueo: "Nadie es tan importante como para que los demás estén pendientes de él exclusivamente atentos para ver si se equivoca". Si logras que este sea su mantra no sólo eliminarás este bloqueo sino que lograrás que coja carrerilla para lograr su objetivo.

Bloqueo N°4: El fatalismo

De algún modo, como el anterior bloqueo, guarda cierta relación con la soberbia ya que quien lo padece cree que es capaz de predecir el futuro y siempre piensa que todo saldrá mal.

El bloqueo de "El fatalismo" es muy común en la sociedad occidental ya que estamos predispuestos culturalmente a pensar de ese modo. En lugar de tener esperanza y fe en que las cosas saldrán de una manera positiva siempre tendemos a prever un mal desenlace de los acontecimientos.

Como todos, éste es un mal hábito que no hace más que limitar la vida de nuestros clientes. «No voy a hacer *footing* porque con la edad que tengo podría darme un infarto». Como veis éste se basa en exagerar un desenlace y en precipitar la conclusión.

Para que el cliente se acostumbre a pensar de otra manera se le debe retar, se le debe invitar a que piense en cuántas ocasiones creyó que una cosa saldría mal y acabó saliendo de otra manera. Que lo haga tantas veces como ocasiones su cerebro tenga la necesidad de anticipar un desenlace truculento.

Incluso puedes proponerle que cada vez que se imagine uno de esos desenlaces fatales que tan bien se le da imaginar lo reconstruya. Sí, proponle que cierre los ojos, que se visualice en ese desenlace que tan claro ve y que haga algo para cambiarlo. Si quiere puede rebobinar, puede cambiar el escenario que le rodea, tener superpoderes, lo que sea. La cuestión es que se visualice él mismo dentro de ese ficticio futuro del que tan seguro está.

Te aseguro que si logras que tu cliente practique este tipo de juegos mentales su manera de pensar cambiará con el tiempo y su fatalismo desaparecerá. De algún modo su cabeza tomará la saludable costumbre de buscar desenlaces positivos y todos sus esfuerzos y acciones irán en la dirección de conseguirlos.

En resumen, si el cliente dirige sus pensamientos hacia lugares positivos y reconfortantes sus resultados serán siempre buenos y llenos de provechoso aprendizaje.

Bloqueo N°5: La incongruencia

Está claro que ser congruente con uno mismo y con los demás de manera sostenida en el tiempo es muy difícil y requiere grandes dosis de consciencia y constancia.

No obstante, serlo hará que todo aquello que queremos o deseemos nos sea fácilmente alcanzable. Si logramos detectar y desbloquear los hábitos incongruentes gozaremos de orden y concierto en todo aquello que hagamos.

Y es que la congruencia es esa sensación interna que se genera cuando lo que estamos haciendo o pensando es veraz, tiene equilibrio, coherencia, es sincero y motivador. Es esa fuerza interna que nos impulsa a continuar con nuestros proyectos porque de algún modo sabemos que el camino es correcto y ecológico con nuestro entorno. Se podría decir que es un sentido de dirección y de energía interior que nos permite apuntar certeramente hacia nuestros objetivos.

Así pues, si detectamos incongruencia en el discurso de nuestro cliente será labor nuestra recogerla, reformularla y hacer que éste se enfrente a ella.

Sólo si somos capaces de 'jugar a tenis' con las partes partes incongruentes del discurso de nuestro cliente seremos capaces de desbloquearlo. 'Jugar a tenis' no sólo es retar al cliente y cuestionar todo aquello que no es coherente con lo que nos ha explicado hasta la fecha; es romper sus esquemas, sacudir su manera de pensar, presentarle nuevos puntos de vista...

Será importante hacerle ver que las excusas, justificaciones o demoras suelen ser siempre las perfectas 'comerciales' de la incongruencia. Si logramos que nuestro cliente identifique en su discurso a éstas estaremos a un solo paso de que llegue a comprender que la incongruencia no es más que miedo a salir de la zona de confort y que eso no es más que otra pequeña 'mina' dispuesta por el tirano para evitar que se mueva.

Un claro ejemplo de incongruencia sería un cliente que se ha marcado como objetivo llevar una vida sana y que semanalmente consume comida rápida. Sería un claro indicativo de incongruencia durante la conversación con él la frase: "Sólo es una vez por semana", su inocente respuesta sería una de esas 'falsas comerciales' que querría vendernos su justificación. Una buena manera de rebatírselo sería: "¿Cuatros veces al mes? ¿Cincuenta y dos veces al año? ¿Quinientas veinte veces en una década? ¿Eso no equivale aproximadamente a año y medio de maltrato a tu cuerpo? ¿Así es cómo dices que quieres llevar una vida sana? Sinceramente, no lo veo".

Y es que cuando tenemos un objetivo claro y éste está bien enfocado todas las partes involucradas participan en equipo para que lo logremos, de un modo casi mágico todo se alinea en justa compensación por nuestro esfuerzo y hace que nos vayamos acercando a aquello que queremos. Eso es exactamente la congruencia; avanzar con constancia y certeza hacia aquello que deseamos sin flaquear.

Bloqueo Nº6: El secreto

En ocasiones sucede que pese a que hemos realizado todos los pasos que debíamos haber realizado no logramos que el cliente se mueva. En esas ocasiones lo más probable es que el cliente nos esté ocultando algo, suele ser entonces cuando se considera que éste está bloqueado por culpa de un secreto.

Llegados a este punto, imagino que os preguntaréis si es posible realizar un proceso completo cuando el cliente nos oculta información. Bien, la respuesta es: SÍ. Es difícil, pero no imposible. Todo se basa en mantener la compostura y naturalizar el hecho de guardar secretos. Hablar de ello como si nada, como si realmente no nos importase y valorásemos el hecho de que nuestro cliente nos oculte algo.

Podemos referirnos a ello cómo: "Esa información privada", "Ese algo tuyo", "Tu secreto"… De cualquier manera que ambos entendáis. Es importante ponerle nombre para que en la mente de nuestro cliente ese "algo" tome forma y la construcción de su pensamiento durante la conversación lo incluya con facilidad.

Como ya hemos visto con anterioridad, un bloqueo no es más que algo que no nos deja avanzar. Por ello, si conseguimos que el cliente naturalice el hecho de que guardar un secreto no es más que atesorar una información y que esto no conlleva necesariamente nada negativo sino que significa un acto constante, consciente y firme de su personalidad y que éstas son cualidades estupendas para que el proceso sea positivo y provechoso para él lograremos que ese mecanismo que lo mantiene detenido se active de nuevo.

A continuación expondré un fragmento de conversación con un cliente que durante todo su proceso ha guardado un secreto:

—Es difícil actuar de esta nueva manera porque choca de manera constante con mi antigua vida. Me siento como si me traicionase a mí mismo —explica el cliente.

—¿Diría que son antiguos hábitos que no puedes abandonar? —pregunta el Mindcoach.

—Sí, son cosas que no es sencillo dejar atrás.

—Entonces, quizás por el momento no sea buena idea dejar esas 'cosas' atrás, ¿no crees? —El Mindcoach parafrasea con su mismo vocabulario y utiliza la palabra 'cosa' para darle nombre al secreto.

—Pero son cosas que no me ayudan a cambiar.

—¿Y todo lo que has conseguido hasta el momento? ¿Eso no son cambios? Por lo que me estás diciendo, esos cambian aún son mucho más importantes de lo que creía porque los has logrado pese a esas 'cosas'. Créeme, requiere mucho tesón bregar con ese tipo de 'cosas' y lograr lo que has logrado —En esta parte de la conversación el Mindcoach aprovecha para hacerle ver al cliente que pese a tener un secreto ha avanzado en su proceso y aunque esos sean hábitos probablemente nocivos para él está cada vez más cercano a superarlos.

Bloqueo N°7: El miedo

Probablemente uno de los bloqueos más usuales. A diferencia del fatalismo éste se basa en una experiencia previa. La persona que padece este bloqueo es porque en el pasado ha tenido algún tipo de experiencia previa que interiorizó como negativa y ahora en el presente es incapaz de volver a experimentar por miedo a que el resultado sea el mismo que el de la vez anterior.

Los clientes bloqueados por el miedo suelen presentar conductas apocadas tendentes a lo monótono. Frecuentas las mismas compañías, van a los mismos sitios, tienes aficiones que implican poca interacción social, etc. Por lo general son personas a las que les asustan sobremanera los cambios. Y es que el miedo es una barrera que separa lo que son de lo que podrían llegar a ser; es un muro que no deja crecer y que si no se derriba acaba asfixiando el ser.

Una buena manera de detectar este bloqueo es proponerle al cliente sutiles cambios en su rutina, si una vez sugeridos éste se altera o se muestra incómodo sabremos que está bloqueado por el miedo.

La única manera de que supere su miedo es infundiéndole confianza y suscitándole curiosidad. A esto podríamos llamarle: "Preparar la mochila para el primer día de cole". Básicamente, se basaría y llenar la mochila emocional con todo aquello que no tuvo aquella vez en que la experiencia resultó ser negativa. Y es que no hay que olvidar que el bloqueo procede de ese recuerdo hincado en el alma de que no logró superar aquella situación de una manera positiva. Sabiéndolo e invitándole a reflexionar sobre todo lo nuevo que tiene o ha aprendido desde que le sucedió aquello que lo atenaza lograremos que entre en acción y que lo intente una vez más.

A continuación os expondré un fragmento de conversación de una cliente que tenía miedo a conducir porque en el pasado tuvo un accidente de coche:

—¿Y siempre fue así? Es decir, ¿siempre te dio miedo conducir?

—No siempre, antes del accidente conducía sin problema.

—¿Y qué a cambiado?

—Que tuve un accidente.

—¿Hacía mucho tiempo que conducías antes del accidente?

—Sí, unos cinco años.

—Así que se podría decir que el accidente no fue por falta de experiencia conduciendo.

—No.

—Entonces, si la falta de experiencia no es el problema, ¿qué te da miedo exactamente?

—Me da miedo que otro coche me golpee.

—¿Conducirías si no hubiesen más coches?

—Probablemente.

—¿Y por qué no pruebas en alguna zona en la que no haya tráfico?

—Podría hacerlo…

—Puede que después de eso te atrevieses a circular por zonas de poco transito…

—Quizás, pero no sé… Me da miedo que otro coche me dé un golpe.

—¿Te has parado a pensar alguna vez en la poca probabilidad que hay de que eso suceda?

—No.

—Piensa que llevabas conduciendo cinco años y te sucedió una vez. ¿Qué probabilidad existe de que te vuelva a suceder?

—Muy poca.

—¿Entonces?

—Puede que sólo fuese mala suerte.

—Puede, pero ¿sabes qué más es?

—¿Qué?

—Una oportunidad de aprender; una fantástica oportunidad para demostrarte a ti misma el coraje que tienes y la fuerza de la que eres poseedora cuando de nuevo conduzcas tu coche.

Bloqueo Nº8: El idealismo y el pesimismo

Sin lugar a dudas este bloqueo es el más dual de todos los que existen. Obviamente, aquel que es idealista no puede ser pesimista. Son dos extremos muy diferenciados pero a la vez similares. El idealista focaliza su atención sólo en aquello que le parece bueno o positivo desde su punto de vista mientras que aquel que es pesimista siempre lo hará en todo lo contrario. El pesimista es aquel que siempre verá peros y focalizará todo su pensamiento en el posible fracaso de todos sus actos.

El cliente idealista casi siempre sonreirá mientras que el pesimista se mantendrá serio y crítico hacia todo lo que digamos o propongamos. Ambos perfiles de cliente se desbloquean de la misma manera ya que el desbloqueo de su sistema se basa en equilibrar su manera de ver las cosas. Al idealista se le equilibrará haciendo que vea el aspecto bello de lo imperfecto y al pesimista lo esperanzador en lo trágico.

A ambos hay que acercarlos todo lo posible a lo real; ni todo es tan ideal cómo lo ve uno, ni tan horroroso cómo lo ve el otro.

El idealismo se caracteriza fundamentalmente por ser sueño sin acción. Propósitos y propósitos que nunca cristalizan en nada material. Una manera de desbloquear al idealista sería retándole a que dé pequeños pasos para conseguir ese ideal que tanto le gusta. Invitarle a que trace un plan para que poco a poco consiga ese sueño que arrastra en vida. Haciéndolo se dará cuenta de que no todo es tan de color rosa y que en la realidad las cosas funcionan de una manera diferente. La experiencia le dará consciencia y ésta acción congruente para llegar a cualquier su propósito.

Por el contrario, al pesimista se le tendrá que hablar en su idioma, seguirle en juego respecto a que todo es horrible y que no hay manera de cambiarlo.

Las Creencias: El Guion de la película

Se suele definir la creencia como el firme asentimiento y conformidad en algo, es esa idea que se considera verdadera y a la que se le da completo crédito como cierta. Podría llegar a ser considerada como un paradigma basado en la fe ya que no existe demostración absoluta, fundamentada en lo racional o de manera empírica. Dicho de otro modo, es eso en lo que se cree ciegamente. Tanto que en ocasiones puede llegar a nublar la razón y condicionar por completo los actos de una persona.

Entrando en materia, cuando hablamos de creencias dentro del proceso al que se somete nuestro cliente hablamos del conjunto de convicciones, pensamientos y valores morales por los que se rige y a través de los cuales vive; hablamos del guion según el cual actúa en la película que es su vida.

El Mindcoach debe pensar en el cliente como en un actor; un actor al que antes de iniciarse la obra se le ha dado un guion teatral y basa toda su existencia en él sin apenas plantearse el porqué de sus actos.

Así pues, llegados a esta parte del proceso, con el cliente desbloqueado el Mindcoach tendrá que identificar qué tipo de actor es y qué papel en el guion. Si el papel que tiene nuestro cliente en la obra no le entorpece en exceso el lograr todo aquello que se propone no habrá problema.

El problema vendrá cuando el papel que le ha tocado interpretar en la película no le permite alcanzar aquello que quiere, entonces estaremos hablando de que alguna de sus creencias le está limitando.

Y precisamente de eso va la parte central de este método; de reconocer y cambiar las creencias que limitan a nuestros clientes.

Si somos capaces de identificar cuáles son las creencias que les están limitando podremos darles las herramientas necesarias para que efectúen un cambio y consigan todo aquello que se proponga.

Identificar el guion no es una tarea sencilla, es tanto o más difícil que detectar los bloqueos. En esta parte del proceso hay que tener en cuenta que tendremos mucha información de nuestro cliente y que eso por contra de lo que pueda parecer jugará en nuestra contra.

Disponer de demasiados datos puede llevarnos a un exceso de empatía con el cliente y a que esto nuble nuestra capacidad de reconocer qué tipo de 'actor' es y qué 'guión' está interpretando.

Como en otras partes del proceso hemos de tener mucho cuidado con el 'tirano' porque estará ahí acechando y a la más mínima oportunidad aparecerá para engañarnos y para desviar nuestra atención de los detalles importantes. Recuerda que su objetivo es evitar que el cliente abandone la zona de confort y hará lo que sea necesario para retenerlo en ella, tú debes ser mucho más hábil que él.

Como ya habréis podido comprobar, las creencias son un conjunto de lo que hemos vivido, lo que nos han enseñado y todo aquello que hemos ido aglutinando durante nuestro bagaje y que 'programa' la matriz que hace que en ocasiones vayamos en piloto automático.

Está claro que la experiencia es importante y que lo vivido tiene un peso especial en nuestra balanza, no obstante, en ocasiones tendemos a idealizar las cosas con el paso del tiempo y las desproveemos de lo que realmente son: Experiencias puntuales.

Si nos lo parasemos a pensar, nos daríamos cuenta de que en ocasiones por comodidad basamos nuestras decisiones en cosas que creemos única y exclusivamente por no hacer el esfuerzo de reflexionar, simplemente por actuar sin pensar. Si lo hiciésemos nos daríamos cuenta de que las experiencias se basan en el estado intelectual y emocional del momento en el que las vivimos, no más.

Si tuviésemos la constante costumbre de reflexionar sobre las cosas y sobre las decisiones que tomamos nos daríamos cuenta de que lo que opinábamos con quince no es lo mismo que opinamos en la actualidad. ¿Entendéis a dónde quiero llegar? Quiero decir que las creencias son completamente estacionales y por tanto sustituibles por otras que encajen de mejor manera en el momento actual y para con el objetivo que queremos lograr.

Así pues, si alguna parte del guion que interpreta nuestro cliente no le es útil para conseguir eso que quiere tan sólo habrá que identificarla y reescribirla.

Cambio de creencias: Rescritura del guion

Debes tener algo en cuenta antes de continuar; algo que determinará el grado de éxito en la difícil misión de ayudar a tu cliente a que reescriba su guion.

Generalmente el guion del cliente se escribe basándose en la educación que recibe, ya sabes que aprendemos por observación y repetición. Por tanto, si el cliente está rodeado de personajes que influyen las líneas de su guion te será doblemente difícil lograr que cambie el rol del personaje que interpreta en la película.

¿Recuerdas el dicho: Dime con quién vas y te diré quién eres? Te lo recuerdo porque llegados a este punto te será útil conocer qué personajes rodean a tu cliente y qué importancia tienen en el desarrollo de su trama.

Llegados a este punto sólo hay una cosa más que debes saber cuándo estés manteniendo una sesión con tu cliente. Si ya estás completamente seguro de que ya no está bloqueado pero pese a ello no avanza debes saber que quizás está interpretando las páginas del guion de otro, poniéndose en la piel de un personaje que no toca y que le impide accionar correctamente con el resto del reparto de la película.

Creencias Limitantes: Personajes inhábiles

Hay seis arquetipos de personajes que nuestro cliente puede estar interpretando en su película y que no son más que un elemento limitante para lograr lo que se propone. Al igual que hicimos anteriormente con los bloqueos, tendremos que identificarlos e intentar neutralizarlos.

El primero de todos es el **"Torturado"** o **"Cupable"**, este personaje se distingue de los otros fácilmente ya que para él todo es castigo. Su comportamiento se basa en estrictas normas morales que cumple a rajatabla para así eludirlo.

Es un tipo de personaje que se ha educado bajo la doctrina del miedo y eso le hace apocado y temeroso de todo lo nuevo. Busca constantemente aprobación entre lo que está bien y lo que está mal. Siempre se comporta según lo que socialmente es correcto y nunca se sale del guion prestablecido. Eso en muchas ocasiones hace que se sienta arrinconado y que no acabe de encajar en determinadas situaciones.

A veces actúa como juez y otras como juzgado. La bipolaridad de su carácter hace que sea un ser torturado y atormentado, preso de sí mismo y de las férreas convicciones que las líneas de su guion le han grabado a fuego. Así mismo, cuando actúa como juez es implacable e intolerante hasta extremos inusitados, recuerda que sabe a la perfección lo que está bien y lo que está mal y por ello ejecuta sentencias con sumarísima facilidad.

Neutralizar su manera de ser se basa en hacerle entender que no todo es blanco o negro, que no todo se basa en ser el culpable o el inocente, que cualquier resultado final siempre es una **«co-producción»**. Si logramos que entienda eso desaparecerá.

El segundo arquetipo de personaje con el que podemos toparnos durante una sesión es el **"Dramático"**. Este se caracteriza por ser excesivo en todos los aspectos; hablando, vistiéndose, siendo…

Es un tipo de personaje que saca cualquier situación de quicio. Ríe como loco, llora como si fuese a morirse. Cualquier cosa le altera y cualquier motivo es bueno para montar un número y ser el centro de atención. Le cuesta encajar porque su "grandeza" le hace diferente a los demás y eso hace que no se identifique nunca con nadie. Cree que el mundo no le entiende y que no está hecho para él.

Constantemente manifiesta ansias de irse, de dejarlo todo. Siempre deja claro que todo sucede para fastidiarle a él, que todo lo que sucede, sea bueno o malo, está directamente relacionado con su persona.

La manera de eliminar a este fastidioso personaje es invitarle a que represente una función. Como el origen de éste es el teatro, su fin se da sobre las tablas del mismo. Existe una técnica específica que combina de manera compleja técnicas de PNL y de coaching que está específicamente diseñada para inhabilitar las páginas del guion el personaje **"Dramático"**, ésta se llama: «Teatrillo»

El tercer arquetipo es el **"Criticón"**, un personaje que con facilidad se antoja odioso. Es pérfido por el simple hecho de serlo. Le gustan los líos y contribuye activamente a crearlos. Es un tipo de personaje que fácilmente atrae a otros y los moviliza para liar aún más las cosas. Una de sus costumbres más arraigadas es sacarle punta a los defectos ajenos para así distraer la atención de los suyos propios. Es un ser lleno de complejos y profundamente comido por la envía. Siempre desea estar dónde está el otro y cuando lo logra se cansa con facilidad. No disfruta de sus logros, vive en un constante estado de inquina. Su origen fue el entretenimiento pero la crítica acabó siendo su modo de vida. Vive por y para criticar a los demás y todo lo que les rodea, no sabe expresarse de otra manera. Este es un personaje muy corrosivo que fácilmente puede infectar la personalidad del cliente con sus hábitos porque en cierto modo resulta divertido.

La única manera de hacerlo desaparecer es utilizando una herramienta diseñada específicamente para ello. Ésta recibe el nombre de: «Dieta de críticas». Básicamente consiste en un plan diario con ejercicios destinados a eliminar el mal hábito que es la crítica.

El cuarto personaje recibe el nombre de **"Desconectado"**, éste quizás es el arquetipo más inofensivo de todos ya que simplemente hay que encontrar la manera de conectarlo a la trama principal. Se trata de un ser que sin quererlo, ya sea por ignorancia o por pereza, se desconecta del mundo en el que vive. Por tanto, el vivir desconectado hace que se sienta separado de los que le rodean y en ocasiones siente que pierde el vínculo. Vivir vive, bien incluso.

No obstante su vida se entorpece una y otra vez haciendo que sus planes se frenen de manera constante. Le gusta el orden pero no sabe cómo lograrlo. Son personas altamente inteligentes que bien dirigidos pueden llegar a ser genios. Sin embargo, como todos sabemos, los genios pierden fácilmente la noción del tiempo y el espacio y eso no puede considerarse una buena cualidad cuando uno se propone algo.

La única manera de conectarlo es utilizando la herramienta que recibe el nombre: «Conecta Cuatro». Dicha herramienta se basa en que existen cuatro grandes grupos dónde se deben emplazar correctamente todas las relaciones que se tienen, sólo se podrá considerar conectado cuando cada relación esté en el lugar que le pertoca: El nucleo familiar, la pareja, los amigos y los conocidos.

El quinto arquetipo de personaje recibe el nombre de **"Rabioso"** y como su propio nombre indica es un ser profundamente enfadado que haría cualquier cosa por vengarse. Es un personaje indignado que se queja y se queja pero que nunca pasa a la acción. El pasado le pesa y el futuro le aterra. Su actitud puede parecer enérgica pero no es más que una ilusión que crea para protegerse. Está resentido y no encuentra la manera de superarlo. Rememora una y otra vez todo lo negativo de su pasado y fantasea con hacérselo pagar a todos aquellos que le hirieron.

Es un personaje bastante inocuo pues no hace gran cosa. No obstante con su actitud espanta a los que le rodean y hace que los demás lo vean como una amenaza y no quieran entablar ningún tipo de relación con él. A diferencia del **"Desconectado"**, éste corta los lazos con los que le rodean de manera consciente porque no sabe superar los conflictos que en ocasiones tiene con ellos. Por contra de lo que pueda parecer es sumamente pasivo pues no entra nunca en acción.

La única manera de lograr que el personaje abandone esa actitud limitante es enseñándole a hacer una correcta «Gestión del perdón». Existen innumerables herramientas o técnicas para llevarla a cabo, es cosa del Mindcoach seleccionar la adecuada.

El sexto y último personaje recibe el nombre de **"Mentiroso"** y es uno de los más escurridizos. Se comporta con absoluta normalidad y sabe ocultarse casi tan bien como el "tirano". No obstante, como habla y habla es sencillo pillarle en algún renuncio.

Como llegados a este punto tendremos suficiente

información del cliente como para ponerle a prueba será bueno preguntarle algo sobre la primera sesión de todas para ver si mantiene la misma versión o la ha variado.

Si detectamos la mentira sólo habrá que enfrentarle a ella de manera brusca. El **"Mentiroso"** es cobarde por naturaleza. Decirle directamente que hemos detectado sus mentiras hará que se desmonte y acabe confesando el porqué de sus mentiras.

La herramienta más utilizada para este menester es: «¡Sáltate la mentira!», pese a ser un tanto más compleja, básicamente se basa en mantener la conversación con el cliente como si nada, obviando el hecho de que nos está mintiendo y diciendo con total libertad que hemos detectado su mentira y que pese a ello queremos ir al grano del asunto.

Cómo veis, si no fuese suficiente con tener a raya al "tirano" también hay que lidiar con "los personajes". Recordad que de una sesión a otra el cliente puede cambiar de guion y antes de continuar os será necesario neutralizar al personaje que toque porque sino el cliente no se moverá y no logrará los cambios que está buscando.

El sistema

Una vez que nuestro cliente haya logrado desbloquearse y sepa qué guion es el que más posibilidades le ofrece para alcanzar aquello que quiere llegará el momento de entrar de nuevo en el sistema.

Se considera sistema a todo aquello que nos rodea, a lo terrenal y a lo espiritual. Existen infinidad de teorías respecto a este punto ya que el tema cambia dependiendo de la interpretación que se le dé. El sistema abarca no sólo nuestra existencia sino la de nuestros seres queridos, la de las personas con las que nos cruzamos cada día cuando caminamos por la calle e incluso a todos aquellos desconocidos que jamás conoceremos. El sistema se concibe como aquello superior a nosotros mismos que actúa como contexto de nuestras vidas.

Llegados a este punto hay que tener en cuenta que la perspectiva del mundo de nuestro cliente habrá cambiado y su mente se habrá abierto. No obstante, cuando se llega a esta parte del proceso el raciocinio del cliente en ocasiones hace que le cueste entender los conceptos de carácter espiritual que inevitablemente acompañan esta fase. Entonces es aconsejable utilizar símiles o metáforas para que el cliente se sienta mucho más cómodo con el hilo argumental del tema. Recuerda que las metáforas estimulan el lado derecho del cerebro que es dónde reside la imaginación, la genialidad, lo espontaneo, etcétera. En resumen, si estimulas el lado derecho del cerebro del cliente durante esta fase del proceso te será más sencillo que entienda determinados conceptos.

Como decíamos hace un momento, el sistema lo engloba todo y por ello es lógico que cualquier cambio que nuestros clientes efectúen en sus vidas conllevará otros cambios a su alrededor. Se suele decir que cuando un cliente cambia, sus círculos más inmediatos también. Pero no sólo los círculos de relación de los que hemos estado hablando cuando hablábamos del personaje "Desconectado", cuando se habla de sistema todo se eleva a la enésima y los cambios impactan directamente en todo el sistema. Al hablar sobre este concepto tan abstracto muchos estaréis pensando en la "teoría del caos"; ésa que versa sobre que el aleteo de las alas de una mariposa en oriente puede llegar a causa un huracán en occidente. Y de algún modo es así, de una manera no tan apocalíptica los cambios que el cliente genere tomarán forma de estela y viajarán más allá del marco de su existencia o de los límites de su conocimiento.

Así pues, tras la metamorfosis personal del cliente tocará ayudarle a introducirse de nuevo en el sistema, acompañarle durante el proceso de encaje en su nueva vida. En esta parte su objetivo número uno será hacer que encaje su nueva actitud dentro de su sistema y, por tanto, adaptarse a los cambios que ha generado.

Al llegar a este punto del proceso no sólo es importante que el cliente mantenga la actitud que tanto ha trabajado sino que es básico que tome consciencia de sus aptitudes y las trabaje. La toma de conciencia es importante porque a través de ésta el cliente será capaz leer e interpretar el sistema y así dar sus últimos pasos.

Como te he comentado, el sistema es todo; todo aquello que está fuera de nosotros (entorno, trabajo, familia, amigos, conocidos…). Por tanto, cuando hablo de leer e interpretar el sistema me refiero a saber entender todo aquello que hay fuera y que te rodea.

El sistema es sabio y, al formar parte de un todo mayor que nosotros mismos, nos envía señales. Aunque las señales no son más que el hecho sobre el que se focaliza nuestra mente; un 'aviso del inconsciente' por así decirlo, en ningún caso me refiero a que éstas tengan una base mística o espiritual.

Seguro que si te pongo un ejemplo lo entenderás; ¿te ha sucedido que estando embarazada veías un número exagerado de mujeres en tu misma situación? ¿Alguna vez has ido con muletas y te has dado cuenta que a tu alrededor habían muchas personas lesionadas? ¿Te has comprado un coche y a partir de ese momento has descubierto *gran número de vehículos del mismo modelo?*

Y es que eso son las señales, indicadores de atención que tu mente activa para que actúes valorando información adicional. Precisamente por ello es importante que le hagas saber a tu cliente que en la fase final su sistema le pondrá a prueba enviándole señales, dirigirá la atención de su foco hacia cosas o situaciones que antes hubiese desechado sin más. ¿Para qué? Para validar que ha aprendido a cambiar la actitud frente al hecho, ¿y sabes por qué?

142

Porque el cliente ha cambiado. Sí, ha cambiado y su manera de ver el mundo también; su visión, su misión, su percepción... Al final del proceso será otro y tendrá que aprender a serlo, a caminar por su nueva vida. ¿Sabes cómo lo hará? Con unos zapatos a medida que tú le ayudarás a encontrar.

Aptitudes: Los mejores zapatos a medida

Querido compañero de viaje, esto está llegando a su fin. Tan sólo nos queda una última parada, una que quizás nos lleva un rato: "Ir de compras".

En la última fase del proceso tú como Mindcoach "irás de compras" con tu cliente. Tu misión será muy clara: Encontrarle unos buenos zapatos a medida que le ayuden a caminar con decisión, comodidad y firmeza por la nueva vida que recién empieza.

Para ello, cómo con anterioridad, lo harás mediante el uso de herramientas destinadas a fijar y mantener sus cambios, los actuales y los venideros.

Hay muchas maneras de hacer; muchas son las opciones que se te pueden presentar para abordar tu última misión. Y aunque ahora yo sólo te muestre una manera de trabajar el final del proceso con el cliente, es bueno que sepas que en los cursos oficiales de Mindcoaching se enseñan otras herramientas que pueden servir para fijar los cambios del cliente de manera permanente.

Éstas se imparten de manera concreta, pautada y práctica, lo cual hace que el Mindcoach obtenga información suficiente para afrontar cualquier tipo de proceso de cambio.

La más poderosa de todas «La creación del Plan estratégico personal» consiste en que el cliente elabore de manera gráfica y planificada todo su recorrido, su plan; pero no sólo hablamos de que la dibuje sino que lo fije en su mente de manera visual, auditiva y kinestésica mediante el dominio y la conciencia de su propio «estado interno». Y claro, seguro que ahora te preguntarás qué es el estado interno, ¿verdad?

Bien, pues éste podemos definirlo como el estado emocional permite a una persona actuar cómo actúa en cada momento. Cosa que nos será realmente útil que nuestro cliente sepa. Si deseamos que su retorno al sistema sea ecológico y que sus cambios sean permanentes tendrás que encargarte de que interiorice y normalice este concepto.

Es indudable que mantener un estado positivo tiene una gran influencia sobre cómo respondemos a la realidad, cómo aceptamos los cambios y la actitud con que abordamos los conflictos; seguro que has podido comprobar cómo personas distintas, con mapas distintos, se enfrentan a problemas similares de manera completamente opuesta a la tuya.

Así pues, nuestras experiencias quedan grabadas en nuestra mente y esos recuerdos bien pueden ser de gran aprendizaje o, por contra, una fuente de sufrimiento.

Cuando mantenemos un estado interno poderoso tenemos más control sobre nuestra vida y es más sencillo llegar a lograr las metas que nos proponemos y, sobretodo, podemos sentirnos bien en todo momento. Todos sabemos que cuando un facilitador de cambio (terapeuta, coach, asesor, psicólogo...) tiene éxito con su cliente no es porque haya cambiado su realidad sino la percepción que el cliente tiene de la misma y por ello el estado interno juega un papel crucial en ello.

La programación neurolingüística propone varias maneras de asegurar que el estado interno sea positivo, poderoso y motivador:

1. El trabajo con submodalidades.

2. El trabajo con anclajes.

Las submodalidades

Como ya sabes, registramos nuestras experiencias mediante imágenes, sonidos y sensaciones que dan lugar a los sistemas de representación de los que ya hemos hablado, así pues las distintas maneras de recibir la información son aquellas que reciben el nombre de submodalidades.

Si elegimos el sistema visual para ilustrar qué son las submodalidades podemos decir que este sistema es el canal que registra todo lo que podemos observar con la vista, todo lo relativo a las imágenes ¿me sigues?, entonces el movimiento, el color, el brillo, el tamaño, la forma... son las submodalidades, que son los elementos con los que grabamos la realidad y los que rescatamos cuando accedemos al recuerdo.

Todas las personas vivimos experiencias positivas y negativas, en eso todos somos iguales, lo que ya no es lo mismo es como las registramos en nuestra memoria y las sensaciones que nos generan aun cuando haya transcurrido mucho tiempo. En PNL no generamos amnesia sobre las malas experiencias, no borramos recuerdos, lo que hacemos es intervenir en las submodalidades para que un recuerdo desagradable pueda dejar de serlo y neutralizar las sensaciones que conlleva.

Te proponemos experimentarlo por ti mismo:

1. Escoge un recuerdo que te produzca una sensación desagradable (no escojas un episodio traumático ni fóbico) y concéntrate en la imagen, en el sonido si hay, para aplicar cambios como por ejemplo:

-Si la imagen tiene movimiento (video) detenla en la parte menos desagradable de la situación

- Si la imagen es a color, transfórmala en blanco y negro

- Convierte la imagen a un tamaño mucho más pequeño

- Desenfócala.

Como habrás comprobado la sensación desagradable va desapareciendo.

El trabajo con submodalidades presenta la ventaja de que puede practicarse de forma sencilla sobre todo aquello que no aporta emociones positivas, sobre todo porque permite seguir accediendo al pasado de una forma segura y emocionalmente saludable. Cuando el recuerdo es traumático no es aconsejable hacer solamente cambio de submodalidades, lo apropiado es utiliza técnicas que incluyen, además de submodalidades, otros elementos de cambio para que éste perdure.

A continuación detallamos las submodalidades por sistema de representación:

1. **Submodalidades visuales:** Color, blanco y negro, forma, distancia, movimiento, posición, nitidez, luminosidad, contraste, enfoque, tamaño...

2. **Submodalidades auditivas:** Volumen, velocidad, tono, ritmo, duración, modulación, mono, estéreo, melodía...

3. **Submodalidades kinestésicas:** Localización, movimiento, temperatura, presión, tensión, textura, intensidad...

Como hemos dicho la transformación de las submodalidades de un recuerdo cambia la percepción del mismo, sin embargo para corregir respuestas automáticas, esas reacciones que se escapan a nuestro control, en situaciones concretas, incluso las fobias, se trabajan con técnicas de cambio, donde el resultado es una nueva opción de comportamiento en lugar de la que se ha estado teniendo. La mayoría técnicas incluyen cambio de submodalidades, ya que éstas están presentes en todos las representaciones internas, y una de las más conocidas por su eficacia y simplicidad es el Swish.

El Swish está basado en el cambio de submodalidades visuales. Con este ejercicio el cliente se sitúa mentalmente en la imagen previa al momento en que se desencadena la respuesta no deseada y se intercambia con una imagen positiva y muy motivadora de cómo se encontrará cuando haya superado el conflicto. El resultado es que en la mente deja de haber una única estrategia y por tanto ya no es necesario repetir la misma conducta de siempre.

El anclaje

Todas las personas percibimos, representamos y almacenamos la realidad en nuestra mente a través de los sentidos y cuando recuperamos una experiencia pasada lo que hacemos es recuperar las informaciones sensoriales que captamos en el momento que la vivimos. Sin embargo no es necesario resucitar todos los elementos de la vivencia, muchas veces, recuperando un solo fragmento podemos revivir la experiencia completa. A ese fragmento le llamamos ancla.

Anclar es un proceso natural e inconsciente: es imposible no anclar. ¿Acaso no hay algún aroma que en cuanto lo percibes te recuerda aquel momento tan especial? ¿No hay una canción que te hace viajar en el tiempo y recuperar las emociones de aquel maravilloso verano? Claro que sí, todos tenemos anclas, algunas positivas e incluso más negativas de las que quisiéramos.

La propuesta de la Programación Neuro Lingüística es convertir este proceso natural en una estrategia consciente y usar la técnica del anclaje como una herramienta eficaz para crear estados poderosos para ti mismo y para tus clientes.

¿Cómo se hace? Te proponemos que los experimentes por ti mismo y que sigas los pasos que a continuación definimos:

1. En primer lugar hay que tener muy claro el estado que quieres crear, seguridad, confianza, tranquilidad...

2. Seguidamente buscar una situación en tu vida en donde te hayas sentido de esa manera, seguro, confiado, tranquilo...

3. Concéntrate en el recuerdo y atiende a todos los detalles del momento: observa todo lo que ocurre, lo que ves, los colores, las formas, el entorno... Escucha los sonidos, nota la temperatura que te envuelve, la textura de la ropa, tu posición corporal... y finalmente conecta con las sensaciones internas, con la emoción que tenías entonces.

4. Cuando hayas hecho esto y consideres que estás en el momento más álgido de tu emoción, es cuando debes hacer el ancla, es decir incorporar a tu experiencia un elemento externo

que tu mente ha asociará con el estado interior y que puede ser un gesto, un movimiento, una imagen, una palabra, un olor…

Ahora ese elemento, el ancla, que como has podido comprobar puede ser visual, auditiva, kinestésica, olfativa o gustativa, es lo que repetirás cuando, en el futuro, quieras acceder de nuevo a esa sensación poderosa y cambiar tu estado.

Los anclajes son muy útiles para llevar las riendas de nuestro estado emocional. Cuando sabemos usarlos, cuando disponemos de nuestras propias anclas, para decidir cómo queremos sentirnos en todo momento, es cuando realmente estamos dirigiendo nuestra vida. Los seres humanos respondemos a los estímulos externos, reaccionamos a ellos, desde que nacemos y con un buen repertorio de anclas podemos cambiar nuestras respuestas inconscientes y tener un gran dominio sobre nuestra conducta, flexibilizándola y adaptándola a nuestras necesidades de sentirnos bien, de tener estados óptimos y de estar en plena expresión de nuestras facultades.

Dado que en Mindcoaching no trabajamos con el contexto originario del conflicto, sino que nos enfocamos en la consecución del objetivo y en que el cliente encuentre sus propios recursos para hallar la solución, la mayoría de las técnicas de cambio de conducta o de creencia incluyen en su procedimiento uno o varios anclajes, ya sea para curar una fobia, superar un miedo, corregir una respuesta emocional o cambiar un comportamiento.

La teoría de las inteligencias múltiples:

Un plan de ejercicio diario

Y ahora, retomando lo que te decía al inicio sobre ayudar al cliente a encontrar unos zapatos a medida, en lugar de trabajar la fase final a través del uso del «Plan Estratégico Personal», te sugiero que utilicemos el ejercicio de las inteligencias múltiples.

Éste se sostiene directamente sobre la teoría que Howard Gardner propuso en 1983 en su libro: «Inteligencias Múltiples».

Cuando hablamos de inteligencia nos referimos a **la capacidad que tenemos de relacionar conocimientos** y utilizarlos para resolver una situación concreta. Si analizas la **etimología** de la palabra inteligencia verás que **su origen es latino** y que su traducción es *Inteligere*; palabra compuesta por *intus* (entre) y *legere* (escoger).

Así pues, etimológicamente hablando llegamos al mismo significado: escoger entre dos cosas/relacionar dos o más conceptos.

Gardner hablaba sobre ocho inteligencias diferentes y sobre que la inteligencia no era un bloque único sino que ésta era una suma de todas esas pequeñas áreas.

Recogiendo dicha teoría, nosotros, tú y yo, trabajaremos la fase final del proceso buscándole esos "zapatos a medida" a través del mundo de las inteligencias múltiples.

Pese a que Howard nos habla en su teoría de ocho posibles inteligencias, nosotros tan sólo utilizaremos cinco:

1. La inteligencia Lógica.

2. La inteligencia Intuitiva.

3. La inteligencia Social.

4. La inteligencia Física.

5. La inteligencia Emocional.

Y ahora compañero, justo antes de que entremos de lleno en el mundo de las inteligencias, te aviso que en esta parte final apelaré a ti directamente pues creo que, no sólo como Mindcoach sino como persona, la información que a continuación te expondré te será muy útil.

La inteligencia lógica

La inteligencia lógica o lógico-matemática es aquella que nos ayuda a relacionar conceptos de manera esquemática y técnica. A través de ella razonamos y empleamos el pensamiento lógico. Según la calificación de Howard Gardner ésta es un tipo de inteligencia formal que se suele manifestar cuando se trabaja con conceptos abstractos o argumentaciones de construcción compleja. Huelga decir que este tipo de inteligencia es la que prima en matemáticos, científicos y filósofos.

Ésta se encuentra en nuestro famoso hemisferio izquierdo; el hemisferio de la lógica por antonomasia. Se pone en marcha cuando nuestro cerebro debe relacionar datos de manera cruzada y procesarlos para obtener un resultado o una combinación de resultados. Se podría decir que ésta es la única inteligencia que sólo se puede ejercitar ‹instalando programas›. Es decir, sólo se puede mejorar practicando y analizando casos existentes o, en su defecto, combinando datos para aproximarse a la resolución a través de la prueba error. Se podría decir que es una ‹jefa intermedia› de las otras. No en vano, proporciona método, orden y sentido a nuestras acciones y/o decisiones.

Ejercitarla no resulta tan sencillo o entretenido como podrían serlo las otras. Para 'muscular' nuestra inteligencia lógica tendremos que 'darle de comer' a nuestro cerebro datos y enfrentarlo a cuestiones que le hagan pensar:

1. Haz problemas matemáticos o sudokus para que tu lado izquierdo del cerebro se active y conecte esa área de la inteligencia.

2. Plantéate cosas que te supongan un esfuerzo mental. Lee sobre cosas que te cuesten en entender y trata de 'digerirlas'.

3. Reflexiona sobre las cosas y racionalízalas. Busca eventos inexplicables y juega a buscarles una explicación lógica.

4. Haz planes y esquematízalos. Escribe su secuencia temporal, sus posibles variaciones...

5. ¡Haz listas! Al lado izquierdo del cerebro y a la lógica le encantan las listas. Pregúntate cosas e intenta hacer listas sobre sus respuestas sopesando todos aquellos puntos de vista que te sean posibles.

Si eres capaz diariamente de alimentar tu inteligencia lógica con uno de esos sencillos ejercicios te darás cuenta que razonas con mayor rapidez, que tu capacidad de decisión aumenta y, por último, que puedes planificar de manera innata y casi sin proponértelo.

Así que ya sabes, inténtalo, amplifica tus aptitudes día a día y, cómo Mindcoach, haz que tu cliente tome conciencia sobre esta cuestión y enséñale a entender que el ejercicio de ésta hará que los cambios que ha conseguido se verán reforzados.

La inteligencia social

Cuando hablo de inteligencia social lo hago refiriéndome a la **capacidad que tenemos todos los seres humanos de entender, tratar y llevarse bien con los que te rodean**. Este tipo de inteligencia es aquella que ejercitada correctamente te ayudará a mejorar la calidad de tus relaciones personales, a que tus logros profesionales aumenten, a que tus relaciones sentimentales sean mucho más estables y duraderas...

En resumen: Es el tipo de inteligencia que hará que te relaciones con efectividad y que obtengas el mínimo nivel de rechazo.

Entrenarla es sencillo, sólo hay que tener en cuenta algunos factores como los que a continuación te voy a detallar:

1. La empatía: Ejercítala cada día, ponla a prueba siempre que puedas. Si eres una persona empática te saldrá de manera natural y no tendrás que hacer gran cosa. No obstante, si la empatía no es lo tuyo no te preocupes. Practica, analiza siempre que puedas tus sentimientos y oblígate a ponerte en el lugar de los otros. Te propongo algo sencillo y metódico, algo para hacer cada día y aumentar tu nivel de empatía: Busca un periódico, extrae de él la experiencia de otro e imagínate cómo te sentirías tú en su lugar. Te aseguro que si lo haces cada día al final tu cerebro lo hará de una manera natural.

2. El liderazgo: Al hablar de liderazgo no sólo se habla de dirigir a los demás o a que los demás le sigan a uno, también se puede trabajar desde el prisma del liderazgo personal. Mi consejo es sencillo: Haz una lista de cosas que quieres llevar a cabo durante toda la semana y cúmplela. La disciplina y tu capacidad de autogobierno te dará una pista de tu nivel de liderazgo personal. Si no puedes liderarte a ti mismo no podrás esperar que los demás te sigan.

3. La asertividad: Aplica tu empatía a todo aquello que te resulte violento y háblale a los demás como querrías que te hablasen a ti. Si eres capaz de tratar a los otros como tú querrías que te tratasen a ti podrás decir que eres una persona completamente asertiva. Por contra, si necesitas mejorar te propongo que cuando tengas que abordar una situación polémica hables siempre de los hechos y no de las personas implicadas, eso te ayudará a distanciarte emocionalmente y tus palabras tendrán menos contundencia.

4. Saber escuchar y prestar atención: En este apartado no hay gran cosa que decir, ¿no? Volvemos a lo mismo, haz a los demás lo que tú quieras que te hagan. Si siempre obras así te irá bien, ya lo verás.

5. Ser bueno analizando el lenguaje no verbal de la gente: ¿Te sueles fijar en cómo los demás gesticulan o en qué postura corporal adoptan? Si la respuesta es no: ¡hazlo! El cuerpo da mucha información y ya sabes... ¡la información es poder! Aprende a interpretar sus movimientos y la postura de su cuerpo y entiende qué están pensando o qué están sintiendo. Si le demuestras a los demás que tu comprensión es así de profunda se abrirán sin problema alguno.

6. Ser bueno calibrando a la gente y leer entre líneas cuando nos hablan: No sólo los oigas, ¡escucha! Detrás de lo que dicen está lo que realmente piensan. ¡Cuenta todo! Lo que dicen, cómo lo dicen, la relación de lo que dicen con cómo lo dicen... Aprende a radiografiar las conversaciones y desarrollarás un magnetismo que hará que los demás quieran estar contigo.

7. Gestionar bien el contacto físico: Se comedido, pero tampoco seas seco y distante. No cuesta nada dar dos besos o estrechar amablemente la mano. Las personas físicamente distantes crean rechazo inconsciente.

8. Vestir bien y correctamente en cada situación: Una imagen vale más que mil palabras y en la esfera de lo social un millón más. Proyecta lo mejor de ti a través de tu imagen y expresa tus sentimientos gracias a ella. ¿Verdad que si eres un ejecutivo no irás a tu trabajo en chándal? O al revés, ¿si trabajases como profesor de *spinning* irías a trabajar con traje? No, ¿verdad? Pues ya sabes; analiza y escoge lo idóneo.

Inteligencia Emocional

Tradicionalmente la **inteligencia emocional** se ha relacionado con capacidades cognitivas tales como la memoria y la capacidad personal de superar un problema.

No obstante, y así la historia lo ha demostrado, ésta se ha relacionado con más facilidad con aspectos como la empatía, la motivación, el estado de ánimo… Son numerosos los estudios que se han llevado a cabo desde el área de la psicología para llegar a conocer mejor esa capacidad innata tan importante.

Y es que estos han llegado a demostrar que ésta no sólo constituye al ser humano sino que lo determina y hace que su nivel de bienestar se distinga del de otros.

Una de sus definiciones es: La habilidad para comprender emociones y equilibrarlas, de tal manera que podamos utilizarlas para guiar nuestra conducta y nuestros procesos de pensamiento, con el objetivo de obtener mejores resultados.

No obstante, yo creo que la inteligencia emocional es algo más. Una capacidad mucho más profunda que nos permite conectar con los demás de una manera especial. Creo que este tipo de inteligencia prima por encima de las demás ya que sin ella las otras no obrarían con la misma ligereza.

Se dice que sentir es un arte más. No obstante, sentir puede sentir cualquiera. Cualquiera puede quemarse y sentir dolor, cualquiera puede ser sensible a cualquier tipo de cambio de temperatura. ¿Pero ponerse en la piel del otro? Eso es una tarea muy difícil que no todo el mundo es capaz de llevar a cabo.

Pero precisamente gracias a la inteligencia emocional somos capaces de identificar nuestras emociones y las de los demás; gracias a ella somos capaces de ponernos en el lugar del otro y compartir su alegría o su pesar, gracias a esta capacidad tan innatamente humana somos capaces de sintonizar con la parte más íntima de otro ser humano.

En este apartado, compañero, no me extenderé más. Te resultará obvio que el ejercicio de la misma no es más que identificar las emociones de los demás y compartirlas.

Si eres capaz de hacerle entender a tu cliente que el ejercicio de la inteligencia emocional hará que pueda establecer un vínculo permanente y verdadero con aquellos que le rodean, verás que los cambios que lleva a cabo durante el proceso se sostendrán tras su finalización.

La Inteligencia Física

Recibe el nombre de "Inteligencia Física" o "Inteligencia Cinestésica" la habilidad para usar el propio cuerpo para expresar ideas y sentimientos, y sus particularidades de coordinación, equilibrio, destreza, fuerza, flexibilidad y velocidad, así como propioceptivas y táctiles.

Este término es tomado del libro *El octavo hábito* de Stephen R.Covey y se refiere a que *el cuerpo es el instrumento de la mente, el corazón y el espíritu, por lo que merece ser mantenido en óptimas condiciones*. La Inteligencia Física es entonces el sustento de las otras inteligencias del ser humano. La idea se basa en tratar nuestro cuerpo como la principal herramienta que nos permitirá ser altamente efectivos en todos los ámbitos de nuestra vida.

El estilo de vida sedentario, el estrés, la mala alimentación y descanso de poca calidad nos hacen entrar a una espiral negativa. A la larga, el efecto de este ciclo puede ser desastroso ya que aumenta notablemente las posibilidades de que caigamos enfermos.

Y tras saber un poco sobre esta inteligencia puede que te preguntes: ¿Cómo armoniza y equilibra el cuerpo el funcionamiento del cerebro que contiene la mente, con el corazón que simbólicamente representa la Inteligencia Emocional?

Nuestra capacidad de actuar sobre nuestros pensamientos y sentimientos, y de hacer que ocurran cosas, no tiene igual en ninguna otra especie. El cuerpo expresa con claridad lo que pensamos y cómo nos sentimos. Por eso es tan importante saber qué dice nuestro cuerpo. **Por cada pensamiento o sentimiento que tenemos, hay siempre una reacción de nuestro cuerpo, a veces inconsciente.**

El cuerpo realiza toda la actividad sin necesidad de ningún esfuerzo consciente. Es un sistema increíble, con un nivel inconcebible de coordinación bioquímica para pasar una página, conducir un coche u otras muchas cosas sin que

pensemos si quiera en ello. Explora constantemente el entorno. Nos indica si estamos bien o no en un sitio. Destruye células enfermas y sobrevive a enfermedades sin nosotros saberlo. Se cura a sí mismo y se cuida. Todo él solo, ¿no es lógico que reconozcamos que para todo eso debe existir algún tipo de inteligencia?

El cuerpo es el instrumento de la mente y del espíritu. Si somos capaces de subordinar nuestros apetitos y pasiones a nuestra conciencia, conseguiremos ser los dueños de nosotros mismos.

Para ello disponemos de tres vías fundamentales para ejercitar dicha inteligencia:

1. Una nutrición sabia.

2. Ejercicio equilibrado y consistente.

3. Descanso adecuado, relajación, gestión del estrés y mentalidad de prevención.

Así que ya ves, tan sencillo y a la vez tan complicado como eso. Permíteme que te diga, y esto vale tanto para ti como para tu cliente, que si lleváis a cabo periódicamente alguna de las cosas sugeridas y a la vez ejercitáis las otras inteligencias, vuestro éxito personal estará asegurado.

La inteligencia intuitiva

He dejado esta inteligencia para el final porque al igual que cuando hablábamos sobre el sistema, ésta puede parecer que tiene cierta connotación esotérica cuando no es así.

La intuición es una característica humana de carácter innato además de un mecanismo de seguridad que tiene nuestro cerebro y que generalmente se activa cuando nos sentimos amenazados o detectamos un posible peligro.

No obstante, no todos la tenemos desarrollada en la misma medida. Pero no te preocupes, se puede ejercitar. De hecho, eso es lo que le propondremos a nuestro cliente, ejercitar su intuición.

Ahora imagino que debes estar pensando de qué le servirá esta aptitud a tu cliente frente a las otras que hemos visto hasta el momento. La respuesta es clara: Le indicará qué camino es mejor escoger.

Y lo cierto es que eso lo engloba todo. El hecho de tener una habilidad especial o aptitud específica que le ayude a escoger con más sapiencia hará que todas las herramientas se refuercen y que todos los cambios que se le presenten pueda autogestionarlos.

Porque de algo no cabe duda: La inteligencia intuitiva es aquella más íntimamente ligada con el **SER**. Este tipo de inteligencia se basa en focalizar la atención en el **SENTIR** más que en el **PENSAR**. Dicho de un modo llano, la inteligencia intuitiva es la inteligencia que nos invita a vivir desde el corazón, aquélla que propone basar nuestras decisiones en la sensación que un hecho nos produce más que en qué nos parece.

Sé que resulta difícil creer en ello, no obstante, también sé que por mucho que te cueste creer estas cosas en alguna ocasión durante toda tu vida la habrás utilizado. Ya seas más o menos intuitivo, estoy seguro que en más de una ocasión ésta te ha servido para decantarte hacia una decisión correcta.

Así pues, si quieres que el cliente afiance el aprendizaje y que autogestione sus futuros cambios te propongo una serie de acciones que le serán útiles para ejercitar y potenciar su inteligencia intuitiva.

1. Invítale a que juegue; explícale que lo lúdico es beneficioso para él y para su mente inconsciente. Cuando nos divertimos activamos áreas del cerebro directamente ligadas al desarrollo de la intuición y que fomentan nuestra imaginación y, por ende, nuestra capacidad resolutiva.

2. Si quiere desarrollar la inteligencia intuitiva puede practicarla diariamente basando una, ¡atención, sólo una!, de las múltiples decisiones que tome diariamente en lo que siente y no en lo que piensa. Que observe cómo se siente al tomarla, dónde lo siente, cómo es el resultado, qué de nuevo le ha aportado, cuál es el impacto en su cotidianidad... Si lo hace cada día, pasado el tiempo, lo hará de manera natural porque habrá desarrollado su inteligencia intuitiva.

Herramientas de refuerzo:
Afianza el cambio

Y ahora amigo, a poco de despedirnos, te quiero explicar por encima qué tipos de herramientas nos proporciona la PNL a los Mindcoach para enseñarles a nuestros clientes cómo lograr cambios poderosos y permanentes.

Algunas ya las conoces pues ya te las he mostrado, otras quizás te suenan y las asocias a las metáforas que he estado utilizando para conducirte a través de este viaje. No obstante, ahora, a poco de llegar al fin, te haré un resumen para que cuando acabes este libro profundices en ellas por tu cuenta, ya sea en los cursos autorizados de Mindcoaching o buscando información en otros libros.

Para cambiar el estado interno, corregir una respuesta emocional que se escapa a nuestro control o dejar de hacer algo que nos perjudica de algún modo es necesario, en primer lugar, saber qué es exactamente lo que queremos cambiar y cómo lo hacemos exactamente, el proceso interno mental y emocional que nos lleva a responder, o no, de ese modo en concreto.

El Mindcoaching se basa en la PNL para hacer este tipo de cambios de conducta por la manera que tiene esta metodología de abordar la situación. Partiendo de la base de que todos los recursos están siempre en el interior de nuestro cliente le ayudamos a encontrar en su pasado las experiencias que le generan el estado adecuado para superar el conflicto.

Ya hemos comentado que podemos cambiar la forma en que nos sentimos transformando las submodalidades o recurriendo a anclajes positivos, pero hay unos formatos concretos que incluyen ambos elementos e incluso las líneas temporales para instalar nuevas opciones de comportamiento sin borrar, ni eliminar las experiencias vividas. Como sabemos, no podemos cambiar el mundo, pero sí la manera en que nosotros respondemos a él y extendiendo el cambio a los contextos necesarios para que forme parte de quienes somos.

En Mindcoaching usamos las técnicas de cambio que propone la PNL no solo por su eficacia sino por la simplicidad de ejecución.

Hay un abanico muy amplio de técnicas y múltiples variables según la escuela, pero nuestra manera de abordar el proceso de cambio del cliente, pasa siempre por haber calibrado la manera en que se representa la realidad, cuáles son sus canales perceptivos prioritarios, los Metaprogramas operativos, las submodalidades de la experiencia etc para escoger la técnica más simple que puede proporcionarle mayor resultado. Si el cliente tiene mucha facilidad para mover en su mente imágenes y le cuesta, por ejemplo, conectar con la sensación, decidiremos hacer un ejercicio donde tenga protagonismo el canal visual y no el kinestésico.

Hay varios factores que hacen de una técnica una instalación de la nueva conducta:

1. Cambio de submodalidades:

Como ya hemos dicho las submodalidades son los elementos con los que están grabadas nuestras experiencias, experiencias asociadas a emociones, cuando transformamos las submodalidades transformamos también la emoción asociada al suceso. No tiene el mismo impacto una imagen grande, a todo color y en movimiento, que una imagen en blanco y negro y del tamaño de un sello de correos. No tiene el mismo impacto emocional acceder a un recuerdo donde hubo una discusión tal como lo vivimos en su momento, que si le quitamos el volumen en nuestra mente.

Si algo nos produce una sensación desagradable y detectamos en qué parte del cuerpo está ubicada y tiene movimiento, si cambiamos el movimiento, la detenemos o mentalmente la desplazamos, e incluso la imaginamos fuera del cuerpo, la sensación desaparece.

Es decir, con las submodalidades cambiamos el registro que tenemos y en consecuencia experimentamos cambios emocionales al respecto.

2. Anclajes:

Todas las personas vivimos experiencias de signo distinto, algunas muy felices y agradables y algunas no tanto, e incluso desagradables, es verdad, y cada de uno de nosotros las aborda de manera distinta en función de ese mapa que hemos ido creando a través de nuestra vida. Es sabido que delante de una situación concreta, dos personas pueden responder de manera muy distinta

164

y de que lo que a una de ellas le sirve de herramienta a otra la podría , incluso paralizar.

Por eso, estudiamos la experiencia individual, por eso usamos los anclajes para que nuestro cliente acceda a sus propios estados poderosos desde su experiencia vital, o como decimos en nuestros cursos: "el Mindcoach no puede regalarle 20 kilos de seguridad a un cliente ". Nosotros inspiramos al cliente para que encuentre en su pasado experiencias vitales donde se haya sentido seguro, aunque sea de otro contexto al del conflicto, para traerse su propia seguridad al contexto necesario en el presente.

Por eso en la mayoría de técnicas de cambio hay uno o múltiples anclajes, porque el ancla hace accesible esos estados emocionales positivos en cualquier momento.

3. Línea temporal:

Cuando en nuestros cursos o conferencias preguntamos al auditorio ¿Qué es el tiempo? Se hace un pequeño silencio inmediatamente. Y es que es una pregunta nada fácil de responder. El tiempo no lo percibimos con los sentidos, el tiempo es una categoría mental, una categoría de nuestra mente pensante, que utilizamos para ordenar las experiencias y para planificar y por eso lo que tenemos es una representación abstracta de él.

Cuando escogemos trabajar con una técnica que incluya una línea temporal es porque consideramos conveniente para el cliente corregir alguna emoción que tiene asociada a un hecho de su pasado, ya sea modificando submodalidades o anclando recursos previamente o bien para que reviva ciertas experiencias muy positivas y que se las traiga como recursos al momento actual.

Eso es básicamente lo que perseguimos cuando mandamos a nuestros clientes a viajar en el tiempo, ir hacia atrás a positivar vivencias o traer recursos para proyectarlos a un futuro nuevo, avanzando por la línea temporal y experimentando como se siente ese futuro con la nueva conducta, con la nueva creencia, con el conflicto resuelto.

A continuación vamos a describir las técnicas más habituales y también las más conocidas, aunque en nuestros cursos enseñamos muchas más.

Swish

Técnica de simple procedimiento, basada en submodalidades visuales, donde el cliente crea una imagen fija en su mente en el momento antes de la conducta no deseada, la imagen después de la cual se desencadenaría automáticamente la conducta y crea una segunda imagen de cómo se encontrará en el futuro cuando haya superado el conflicto.

Con la superposición de ambas imágenes se instala una nueva estrategia donde, después de la primera imagen, la desencadenante, se encuentra otra muy distinta a la que ha habido en sus experiencias reales, por lo tanto hay una ruptura de patrón y deja de haber una única opción, un callejón sin salida.

Este procedimiento es muy útil para cambiar respuestas automáticas como por ejemplo morderse la uñas, el inevitable nerviosismo para hablar en público, la incomodidad de expresarse libremente, la alteración ante conductas de otros, el bloqueo al empezar un proyecto...

Cura Rápida de Fobias o Traumas

Este procedimiento contiene cambio de submodalidades y apilamiento de anclas además de una disociación de la experiencia.

Se trata de pedirle al cliente que se imagine en una sala de cine donde trabajará con la película de la mala experiencia. En un proceso largo, cuidaremos de la seguridad del cliente en todo momento, le mantendremos disociado de la experiencia, congelando la imagen en blanco y negro en la pantalla y asegurándonos de que va a encontrar los recursos en su pasado para anclarlos y poder poner en movimiento la película, pasándola a color y rebobinándola varias veces para que su mente la registre de una manera nueva, con un estado emocional positivo y poderoso.

El éxito de esta técnica estriba en calibrar que los recursos que hemos anclado sean suficientes para "revivir" el episodio. Cuando el cliente vive la película varias veces con ese estado óptimo en recursos, su lo mente registra sin las emociones que antes le producían y ahora su recuerdo ya no le afecta.

Como su nombre indica este procedimiento se usa para curar fobias o traumas pero también puede utilizarse para "regrabar" cualquier episodio de la vida que aún afecte en el presente de manera no adecuada, aunque no haya en él elementos fóbicos o traumáticos, pero sobre todo que pueda hacerse una película del mismo, que haya un momento antes de que comenzara el episodio y que haya un momento en que la experiencia desagradable ya terminó.

La fortaleza

Una técnica que trabaja la aproximación de un elemento desagradable, ya sea una persona o un animal, pudiendo llegar a ser fóbico.

Se trata de pedir al cliente que describa los recursos necesarios, estados emocionales, para tolerar la existencia de ese elemento en su vida e inspirarle para que encuentre experiencias vividas en el pasado donde se haya sentido de esa manera que ha descrito. Seguidamente instalar esos recursos mediante anclaje e invitarlo a que se imagine en su "fortaleza", un lugar escogido por él donde normalmente se siente tranquilo, seguro, confiado. Lo siguiente es ayudarle con nuestras palabras a que se mantenga ahí mentalmente permitiendo que de una forma lenta y gradual ese elemento pueda llegar hasta su lado sin que el cliente se altere lo más mínimo.

Es muy habitual utilizar este procedimiento para cambiar relaciones tensas con personas y para curar fobias animales.

Cambio de Creencias

Es una técnica con cambio de submodalidades, con la que se detectan las submodalidades de una creencia limitante que se quiere substituir por una creencia nueva y potenciadora. También se averiguan las submodalidades de una creencia absurda y las de una creencia firme.

El proceso es que la creencia negativa adopte las submodalidades de la creencia absurda y que la nueva creencia adopte las de la creencia firme.

Es un procedimiento muy simple y efectivo, el resultado es que la nueva creencia pasa a formar parte del sistema de creencias de la persona, parte de su mapa mental.

Sistema Propulsor

Es un ejercicio con resultados muy exitosos para cambiar hábitos como dejar de fumar, dejar de comer en exceso, dejar de morderse las uñas...

El procedimiento es algo más sofisticado porque incluye la línea temporal. Se trata de hacer dos asociaciones distintas, por un lado anclar el hábito a algo desagradable y por otro anclar un estado positivo y motivador como el que tendrá cuando lo haya abandonado. Lo que hacemos a continuación es que el cliente recorra hacia atrás la timeline experimentando el hábito en el pasado y asociándolo a lo desagradable para invitarlo a dejarlo atrás y avanzar hacia el futuro libre de conductas no deseadas, sintiéndose tan bien como nos ha descrito usando el ancla positiva, inspirándole con nuestras palabras para que experimente una generalización de la nueva conducta con los filtros de interés primario y para que se impregne de su nueva manera de ser. El Mindcoach ha de influir para que la sensación sea tan intensa que, cuando regrese al presente y abra los ojos, haya quedado grabado en su mente cómo se vive libre del hábito y quiera, conscientemente, seguir así.

Es una técnica muy efectiva con las personas que usan el canal kinestésico de manera prioritaria y que son muy permeables a las sugestiones hipnóticas, ya que el Mindcoach usa continuamente los patrones de lenguaje Milton para que el cliente esté en un trance ligero.

Instalación de una nueva creencia

Esta técnica para instalar una nueva creencia tiene como base de trabajo la línea temporal y en anclaje.

Hay muchas variantes del ejercicio para anclar la nueva creencia, en función del sistema representacional más adecuado a cada cliente, pero la que describimos a continuación suele ser la más habitual.

Se trata de que el cliente encuentre en el pasado experiencias o personas que puedan reforzar la instalación de la creencia y que viaje por su línea conectando con esas situaciones y trayendo al presente los estados emocionales positivos asociados a ellas. Una vez en el presente se asocia una palabra, que el cliente ha escogido previamente, para asociarla a esta creencia y se le invita a avanzar por la línea hasta el futuro para que experimente como es su vida ahora que esa creencia forma parte de él. El Mindcoach inspira con sus palabras para que disfrute en todos los contextos posibles y para que la sensación sea tan intensa que con sólo repetir la palabra en su mente pueda ser consciente de que la nueva creencia está realmente en su mente.

La Declaración de Cierre

Bien, compañero. Ya estamos llegando al fin; a la despedida. ¿No crees que despedirse es algo realmente difícil? A mí siempre me lo ha parecido. No obstante, es algo inevitable. Todo principio tiene fin, de eso no cabe duda. Y por ello, hacer un cierre es algo sumamente importante.

Al margen de que tú y yo estemos a punto de decirnos «Hasta pronto» debes saber que cerrar el proceso con el cliente tiene tantísima importancia, o más, que el iniciarlo.

Tras meses de trabajo duro y estrecha relación puede que sientas que formas parte de su vida o es posible que él crea que de algún modo vuestra relación podrá exportarse al umbral de la amistad; pero no te engañes, eso no puede ser así de ninguna manera.

El Mindcoach es un profesional que ayuda a su cliente a lograr aquello que se ha propuesto, un acompañante en su camino hacia el redescubrimiento que le proporciona herramientas para entrenar su mente, nadas más. En ningún caso seréis amigos o mantendréis una estrecha relación tras finalizar el proceso. No sería bueno ni para ti, ni para él. E ahí que efectuar un cierre sea tan importante.

Y no sólo con tu cliente, con todos aquellos a los que vamos dejando atrás, ya estén vivos o hayan muerto. Sí, lo has leído bien: Muerto. En ocasiones la vida propicia cambios brutales y nos arranca de lo cotidiano a algunos allegados relevantes en el entramado de nuestro sistema más inmediato. Eso hace que nos sintamos profundamente apenados y que no podamos realizar un cierre correcto.

Es por ello que para avanzar y dejar atrás el peso que conlleva una relación mal cerrada es sumamente importante gestionar las despedidas del mejor modo que nos sea posible. Existen métodos de todo tipo: Escribiendo cartas, simulaciones role-play, uso de la "silla caliente", etcétera.

Generalmente, todos los métodos aúnan un único objetivo: Expresar los sentimientos de uno en relación a la despedida.

Normalmente el cierre se basa en expresar gratitud por todo lo recibido del que dejamos atrás; puede que pienses que cuando nos despedimos o queremos hacer un cierre siempre es porque decidimos huir o evitar a esa persona y que entonces es muy difícil encontrar motivos de gratitud; no obstante, siempre existe algo que agradecer. Incluso al que más daño nos haya hecho.

Siempre existe algún detalle que agradecerle a ése que ha determinado nuestras vidas. Ya sea agradeciendo el aprendizaje que nos ha procurado la mala experiencia o, todo lo contrario, agradeciéndole todo lo que nos ha aportado el tiempo que hemos pasado junto a él.

Aunque le digamos adiós al cliente no debemos apenarnos; ni nosotros, ni él. El fin en este caso tiene una connotación absolutamente positiva. Cuando se llega al momento del cierre con un cliente sólo puede significar una cosa: Que ha conseguido sus objetivos.

Y puede que digas: ¿Y ya está? ¿Nunca más?

A priori nunca más; no obstante, cada proceso es un mundo y cada cliente un universo. Lo que ha funcionado con unos quizás no te funcione con otros. E ahí el porqué de la amplitud de este método, de su complejidad a la hora de ejecutarlo. Como ya te dije antes es difícil decir "Adiós" y generalmente siempre se rehúye de ese momento dejando la puerta abierta a un posible futuro, a un posible reencuentro.

¡Pero no! No en la relación con un cliente. En el proceso de cierre con el cliente debes ser tajante y exponerle la realidad tal cual es. Explicarle que habéis realizado un camino juntos; uno único, de ida, sin vuelta. Un camino en el que tú únicamente has sido un conductor que le ha llevado del punto A al punto B, nada más. Debes dejarle claro que el fin del proceso implica una despedida y que más allá de vuestros últimos minutos juntos no volveréis a tener una relación bajo un nuevo proceso.

¿Te sorprende que sea tan tajante? Imagino que sí. Aunque hay un porqué, ¿quieres saberlo?

Está bien, te lo diré y después tú y yo nos despediremos, haremos nuestro cierre, ¿de acuerdo?

El porqué de ser tajante con el cliente, aunque quepa una remota posibilidad de que en el futuro volvamos a trabajar con él, es una estrategia meramente psicológica que debe emplear el Mindcoach para romper el vínculo y que el cliente se desapegue.

No sé si me he explicado bien, permíteme que te ponga un ejemplo: El caso del cliente y el Mindcoach es el mismo que el de un hijo que se emancipa; ¿verdad que si sus padres continúan manteniéndole pese a no vivir con ellos ese hijo no madurará? Pues con el cliente sucede lo mismo. Si cree que al finalizar el proceso podrá acudir a ti cada vez que se encuentre una traba su desarrollo no será completo y todo aquello por lo que habéis estado trabajando durante meses habrá sido un vano.

Tras el proceso el cliente necesita unos meses de "auto-entrenamiento", un tiempo para aprender a caminar con sus zapatos nuevos. Precisamente por ello debes "mentirle" realizando un cierre completamente hermético, sólo así lograrás que el proceso sea cien por cien exitoso. Si logras que marche agradecido y extremadamente motivado habrás triunfado.

Y ahora, amigo… ¿me permites que me dirija a ti cómo un amigo? Sé que puede parecer osado, es más, puede incluso que pienses que se contradice con todo aquello que te he estado explicando en referencia a realizar un cierre. ¿Pero sabes qué? Tú y yo no somos Mindcoach y cliente, somos otra cosa… ¿si te preguntan sobre mí qué dirías? ¿Qué contarías sobre mí? ¿Cómo me describirías? Lo cierto es que poco puedes decir, soy demasiado etéreo…

No obstante, sé que hay algo que no olvidarás. Sé que mis palabras no se borrarán fácilmente de tu recuerdo. ¿Sabes por qué? Porque tú y yo hemos establecido un vínculo; un lazo especial que nos ha unido a través de las líneas de este libro.

A medida que avanzabas y tu cerebro absorbía información, mi "voz" le susurraba a tu mente inconsciente por tal de facilitar tu aprendizaje.

Mientras observabas concienzudamente las partes del libro que más te interesaban, yo movía las piezas del puzle para que todo cobrase sentido; de lo general a lo concreto, de lo superficial a lo profundo…

Y es que, recuerda, mientras lees, tu mente inconsciente hace pequeños ajustes, cambios profundos que enriquecen todas tus conexiones dendríticas y aumentan tu plasticidad cerebral. Mientras lees evolucionas y te transformas.

Porque como te dije al principio de esta aventura, amigo, el libro te ha cambiado. Puede que aún no lo sepas, pero es un hecho que eso es así. Te ha proporcionado nuevos puntos de vista, nuevas ideas; un sinfín de nuevas maneras de hacer y ser.

Y así, sin más, te dijo "Adiós", hasta pronto. Gracias por haberme seguido, gracias por haber decidido embarcarte junto a mí en esta aventura; gracias…

Anexo

Material Didático

A continuación, y a modo de ejemplo, a parte de las herramientas que ya te he explicado te propongo algunas otras así como ejemplos de las mismas para que, como MindCoach facilites a tu cliente para que éste interiorice y construya sus nuevas estructuras de pensamiento y le permitan en un futuro utilizarlas de nuevo ante diversos y estimulantes retos.

Debo reiterarme en que todas ellas se basan en la representación que realiza nuestra mente de todo cuanto nos rodea siendo la más poderosa de todas ellas, la utilización del lenguaje en tanto que éste es capaz de generar estados nuevos y posibilitadores a la mente.

Precisamente una de las primeras técnicas altamente efectiva y de gran aplicación en MindCoaching es el Pensamiento Lateral o "lateral thinking"; término que fue acuñado por Edward de Bono, en su libro New Think: The Use of Lateral Thinking y publicado en 1967, que se refiere a la técnica que permite la resolución de problemas de una manera indirecta y con un enfoque creativo.

Esta técnica se basa en el pensamiento provocativo que permite al pensamiento caminos alternativos a los pre-establecidos y aporta soluciones a los retos que se le presentarán al cliente.

Algunas de las principales herramientas que trabajarás como MindCoaching experimentado son:

• ALTERNATIVAS: cualquier método para valorar una situación es solo una de las muchas opciones posibles.

• ENFOQUES: cuando y como cambiar el enfoque del pensamiento

• IDEAS DOMINANTES: Re-estructurar modelos establecidos

• REVISIÓN DE SUPUESTOS: porque en la solución de las problemas se presuponen siempre ciertos limites

- RETOS y DESAFIOS: escapar de los limites establecidos por el pensamiento tradicional

- ENTRADAS ALEATORIAS: utilizar ideas no relacionados con el tema para abrir nuevas líneas de pensamiento

- PO-PROVOCACIÓN: transformar una idea provocativa en una potencialmente operacional

Si bien la más conocida y que mezcla todas las anteriores es la 'Técnica de los 6 Sombreros', de amplio uso en entornos empresariales dónde de acuerdo al diverso orden en que dichos sombreros se sucedan facilita procesos de resolución de conflictos, creatividad y muchos otros estados poderosos.

Herramientas

1- Triangular – Diagrama de Fuerzas.

Te he propuesto como herramienta en el libro que tu cliente 'triangule' ante decisiones difíciles de tomar o ante la duda de que camino seguir.

A nivel empresarial se usan técnicas muy semejantes como la Técnica de los Equipos (equipo a favor-equipo en contra) o la Técnica del Diagrama de Fuerzas dónde se trata de valorar entre el 0 (ni favorece ni limita) a 5 (limita al máximo – favorece al máximo) ante un acontecimiento o decisión (campo central). A continuación simplemente sumando las puntuaciones obtenidas, tu cliente obtendrá una 'decisión' puntuada en base a sus especificidades.

2- Matriz de Críticas.

Ante casos de crítica dónde el guión está ampliamente afianzado es de suma utilidad a parte de la 'Técnica de la Dieta de Críticas' utilizar la 'Matriz de las Críticas' dónde tu cliente podrá practicar y entender desde cada uno de los puntos de vista (facilitaremos anteriormente al cliente el trabajo de la creación de nuevos estados) que ante una situación ocasionan que un mismo hecho sea contemplado como crítica, halago, o una simple sugerencia.

Esta técnica facilita así mismo que tu cliente se identifique desde que estado preferentemente habla y se entrene en identificar cada una de sus reacciones.

3- Matriz de Creencias

Ante clientes con dificultades de identificar claramente sus creencias limitantes te facilitamos la 'Matriz de las Creencias' para que le permitas dibujar (sí, dibujar le facilita a la mente que recree aquella realidad que le limita y te proporciona suma información) su mapa de creencias en base a estados.

Tu cliente dibujará cuan inverosímil es para él el conseguir su ansiado objetivo, frente a aspectos mucho más dispares cómo la existencia del universo, el amor o los hijos.

Facilita a tu cliente que cree su propio mapa y que lo actualice de acuerdo a como vayan sucediendo vuestras sesiones.

4- Storytelling

Cuando tu cliente este enfrascado en el perfeccionismo, pesimismo o cualquier otro guión/creencia que lo límite facilítale que dibuje y escriba el 'Storytelling' de alguna de esas situaciones. Le vas a pedir que se adentre en ese estado y a partir de ahí le acompañarás en su propio 'viaje del héroe' para que te explique qué muchos escollos tuvo que sobrepasar, qué aprendió, cuándo lo aprendió, etc.

Esta misma herramienta puedes utilizarla para el final de vuestro proceso, para que identifique todo lo mucho y nuevo que a aprendido.

5- Gestión del Tiempo

Esta herramienta la puedes usar siempre que tu cliente se muestre ante dudas o dificultades para gestionar correctamente su tiempo y las actividades, o cuando ya se encuentre al final del camino en ese estado de espera en el que parece que nada se mueve.

Facilita a tu cliente identificar aquellas cosas necesarias, urgentes, prioritarias de las superfluas y prescindibles.

6- Canvas MindCoaching

Como punto final a las herramientas más usuales te facilito el modelo Canvas MindCoaching.

Como ya te explicado anteriormente en el apartado del Objetivo, es un modelo basado en la herramienta empresarial Canvas Business Model y está expresamente adaptado al proceso de MindCoaching y a facilitar al cliente una visión global de todo cuanto le hará falta para conseguir su objetivo.

Es un modelo para desarrollar su propio Plan Estratégico Personal. Para que lo complete deberás guiarlo y acompañarlo, pidiéndole que dibuje, recorte, peque imágenes y cree a su modo su propio 'mapa del tesoro'

7 - Ventana de Johari

Esta herramienta está directamente introducida en el MindCoaching a partir de la psicología cognitiva y fue creada por los psicólogos Joseph Luft y Harry Ingham para ilustrar los procesos de la interacción humana.

En MindCoaching facilitará a nuestro cliente descubrir cuáles son sus verdaderos talentos y la imagen que transmite a la vez que también facilitará al cliente cuáles son sus cualidades a fomentar para darlas a conocer al entorno.

Es una herramienta que puede ser utilizada en muchos procesos, siendo altamente recomendada en cuando el cliente desea nuevos retos profesionales.

8 - Matriz '9V'

La llamada Matriz de las '9V' es una herramienta utilizada en consultoría estratégica y que permite establecer una fotografía y comparar un determinado estado en el pasado, en el presente y en el futuro (estado deseado).

Esta herramienta no es más que una traslación al papel de las Líneas Temporales utilizadas en la PNL y muy útil para llevar a la reflexión al cliente sobre determinadas situaciones en las que se repiten determinados patrones, facilitándole el identificar nuevas estrategias.

Es sumamente útil con clientes del tipo directivo o en entornos profesionales dónde las líneas temporales son algo más complejas de trabajar si nuestro cliente no está altamente familiarizado con ellas.

ACCIONES Y DECISIONES

OBJETIVO: _____

EQUIPO EN CONTRA   EQUIPO A FAVOR

183

TOMA DE DECISIONES – DIAGRAMA DE FUERZAS

FUERZAS POSITIVAS

5	4	3	2	1	0

FUERZAS NEGATIVAS

0	1	2	3	4	5

MATRIZ DE CRÍTICAS

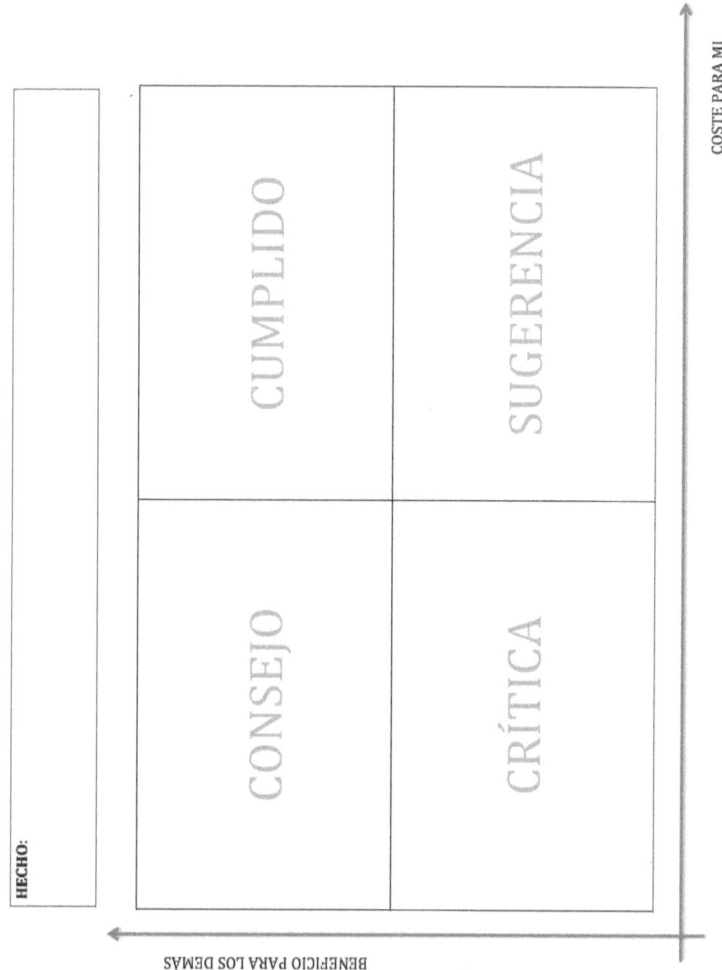

NO DEMOSTRABLE

INIMAGINABLE

IMAGINABLE

MATRIZ DE LAS CREENCIAS

DEMOSTRABLE

TIEMPO

OBJETIVO DESEADO			
QUE CONSIGO			
HE APRENDIDO			
OBSTÁCULOS QUE HE SUPERADO			
ÉXITOS			
COSTES			

STORYTELLING PERSONAL

DIAGRAMA DE GESTIÓN DEL TIEMPO

TAREAS:
. . . .

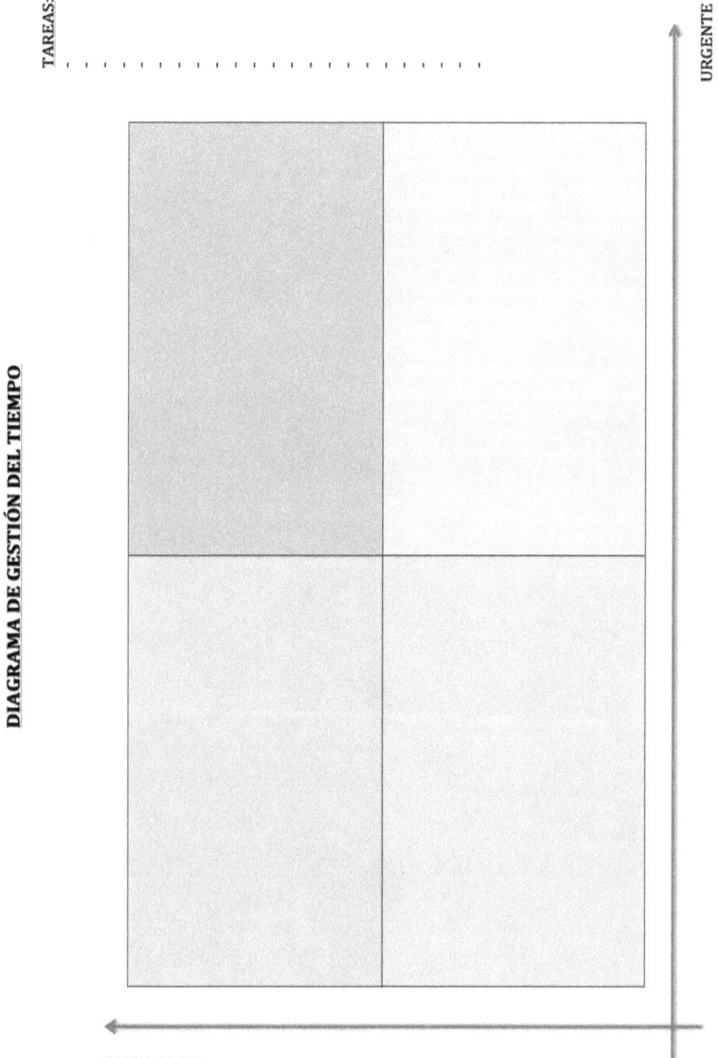

IMPORTANTE

URGENTE

ALIANZAS CON QUIÉN LO HAGO DÓNDE LO HAGO	QUÉ HAGO	QUÉ QUIERO PLAN DE ACCIONES METAS	QUÉ EMOCIONES TENGO QUÉ SENTIMIENTOS	A QUIÉN APORTA BENEFICIOS
	CÓMO LO HAGO QUÉ NECESITO		PARA QUÉ LO HAGO CUÁNDO LO HAGO INDICADORES	
QUÉ COSTES TIENE			QUÉ BENEFICIOS TIENE	

CANVAS MINDCOACHING©

195

VENTANA DE JOHARI

MATRIZ MINDCOACHING 9V

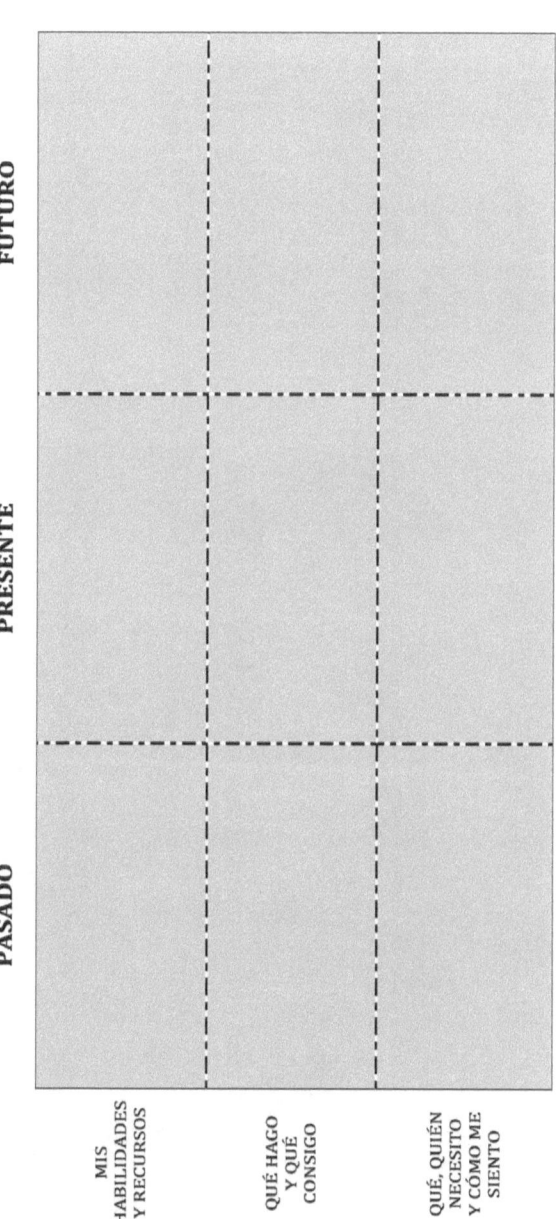

PASADO   PRESENTE   FUTURO

MIS HABILIDADES Y RECURSOS

QUÉ HAGO Y QUÉ CONSIGO

QUÉ, QUIÉN NECESITO Y CÓMO ME SIENTO

Bibliografía

COVEY Stephen R. - "Los 7 hábitos de la gente altamente efectiva.", 1ra edición 1997

Pérez, (2001) Estrategias de Comunicación. Ariel Comunicación

Sambrano, J. (1997). PNL para todos. Editorial. Alfadil. Caracas: Autor.

La estructura de la magia 1. Richard Bandler y John Grinder. Editorial 4 Vientos.Ñuñoa, Santiago de Chile, 2010

La estructura de la magia 2. Richard Bandler y John Grinder. Editorial 4 Vientos.Ñuñoa, Santiago de Chile, 2008

Programación Neuro Lingüística. Robert Dilts, John Grinder,Richard Bandler, Judith De Loizer Vol. 1. Editorial Khaos. Avándaro, México, 2003

De sapos a principes. Richard Bandler y John Grinder. Gaia Ediciones. Móstoles, Madrid, 2000.

Cómo cambiar creencias con la PNL. Robert Dilts.Editorial Sirio. Málaga, 2011

Guía completa de coaching en el trabajo - Perry Zeus, Suzanne Skiffington - Editorial: McGraw-Hill - Colección: Management

Coaching directivo - Benédicte Gautier, Marie-Odile Vervisch - Editorial: Oberón

Coaching. La última palabra en desarrollo de liderazgo - Marshall Goldsmith, Laurence Lyons - Editorial: Prentice Hall

Coaching para el éxito - Talane Miedaner - Editorial: Urano - Colección: Psicología aplicada

Coaching - Pascal Debordes - Editorial: Gestión 2000

Coaching. El método para mejorar el rendimiento de las personas

John Whitmore - Editorial: Piados -Colección: Empresa

Coaching. Mitos y realidades - Javier Cantera - Editorial: Pearson - Prentice Hall -Colección: Biblioteca Aedipe

Coaching: paso a paso - Mike Leibling, Robin Prior - Editorial: Gestión 2000

Coaching práctico en el trabajo - Perry Zeus, Suzanne - Editorial: McGraw-Hill

Coaching y liderazgo - Joan Payeras - Editorial: Díaz de Santos

Tácticas de coaching para mujeres - Conchita Rodríguez Franco - Editorial: Síntesis - Colección: Ciencias sociales

El coaching: cura, libera y subvierte - Editorial: Granica - Colección: Management

Coaching para vivir - Michael Neenan, Windy Dryden - Editorial: Paidos - Colección: Plural

Coaching: Valoración de la eficacia del entrenador - Jon Waner - Editorial: Centro de estudios Ramón Areces

Coaching directivo: desarrollando el liderazgo - Varios autores - Editorial: Ariel - Colección: Empresa management

Los autores

Anna Flores: Professional Certified Coach por la International Coach Federation, especialista en Coaching Ejecutivo y de Equipos (Master Certified Team &Corporate Coach y Advanced Certified Professional & Executive Coach). Trainer Internacional de Programación Neuro Lingüística acreditada por The Society of NLP y Especialista en Psicoterapia e Hipnosis Ericksoniana por el Instituto Erickson de Madrid. Es experta en el manejo de las técnicas de Coaching y PNL para acompañar a sus clientes, sean particulares o empresas, al logro de sus objetivos. Sus formaciones, abiertas al público o a medida de las empresas, son conocidas como entrenamientos donde los asistentes no sólo adquieren conocimiento sino que desarrollan habilidades.

Marc de Jaime: Vice Presidente de la Asociación Española de Profesionales del Coaching Ontológico (AEPCO). Coach Ontológico, Sistémico y de Equipos. Master Practitioner of NLP™ por The Society of NLP™. Experto en Análisis Transaccional. Consultor y formador con experiencia en dirección estratégica, prospectiva, innovación, nuevas tecnologías y marketing digital. Formado en Ingeniería Superior Industrial, Programa Desarrollo de Habilidades Directivas y Dirección de Equipos. Técnico Superior en Gestión de RR.HH. Programa en Técnicas de Negociación y Comunicación Estratégica Empresarial. Técnico Superior en Ergonomía y Psicosociología.

Carlos Pérez de Tudela: Coach Personal y Ejecutivo. Prog. Desarrollo Directivo y Dirección de Equipos. Master Practitioner of NLP™ por The Society of NLP™. Consultor y formador con experiencia en comunicación estratégica, marketing digital y nuevas tecnologías. Experto universitario en Psicología por la Universidad Miguel de Cervantes. . Programa en Técnicas de Negociación y Comunicación Estratégica Empresarial. Diplomatura superior en Criminología e Investigación Privada. Experto en Análisis Transaccional. Escritor y periodista.